I0536440

BESTACTIVITYBOOKS.COM

PREMIERE ÉDITION

Dépôt légal, 2022

Illustration Graphique Extra: www.freepik.com
Merci à Alekksall, Starline, Pch.vector, Rawpixel.com, Vectorpocket, Dgim-studio, Upklyak, Macrovector, Stockgiu, Pikisuperstar & Freepik.com Designers

5 ASTUCES POUR DÉMARRER !

1) COMMENT RÉSOUDRE LES MOTS MÊLÉS

Les puzzles sont dans un format classique :

- Les mots sont cachés sans espaces, tirets, ...
- Orientation : Les mots peuvent être écrits en avant, en arrière, vers le haut, vers le bas ou en diagonale (ils peuvent être inversés).
- Les mots peuvent se chevaucher ou se croiser.

2) UN APPRENTISSAGE ACTIF

Un espace est prévu à côté de chaque mots pour noter la traduction. Pour favoriser un apprentissage actif un **DICTIONNAIRE** à la fin de cette édition vous permettra de vérifier et étendre vos connaissances. Cherchez et notez les traductions, trouvez-les dans le Puzzle et ajoutez-les à votre vocabulaire !

3) MARQUEZ LES MOTS

Vous pouvez inventer votre propre système de marquage. Peut-être en utilisez-vous déjà un ? Sinon, vous pourriez, par exemple, marquer les mots qui ont été difficiles à trouver d'une croix, ceux que vous avez aimés d'une étoile, les mots nouveaux d'un triangle, les mots rares d'un diamant, etc...

4) STRUCTUREZ VOTRE APPRENTISSAGE

Cette édition vous offre un **CARNET DE NOTES** très pratique à la fin du livre. En vacances ou en voyage ou à la maison, vous pouvez facilement organiser vos nouvelles connaissances sans avoir besoin d'un second bloc-notes !

5) VOUS AVEZ FINI TOUTES LES GRILLES ?

Allez à la section bonus **CHALLENGE FINAL** pour trouver un jeu gratuit à la fin de cette édition !

Simple et Rapide ! Découvrez notre collection de livres d'activités pour votre prochain moment de détente et **d'apprentissage**, à juste un clic de distance !

Trouvez votre prochain défi sur :

BestActivityBooks.com/MonProchainLivre

À vos marques, prêts... Partez !

Saviez-vous qu'il existe environ 7 000 langues différentes dans le monde ? Les mots sont précieux.

Nous aimons les langues et avons travaillé dur pour créer les livres de la plus haute qualité pour vous. Nos ingrédients ?

Une sélection des thématiques d'apprentissage adaptée, trois belles parts de divertissement, puis nous ajoutons une cuillère de mots difficiles et une pincée de mots rares. Nous les servons avec soin et un maximum de plaisir pour vous permettre de résoudre les meilleurs jeux de mots mêlés qui soient et d'apprendre en vous amusant !

Votre avis est essentiel. Vous pouvez participer activement au succès de ce livre en nous laissant un commentaire. Nous aimerions vraiment savoir ce que vous avez préféré dans cette édition !

Voici un lien rapide qui vous mènera à la page d'évaluation de vos commandes :

BestBooksActivity.com/Avis50

Merci pour votre aide et amusez-vous bien !

De la part de toute l'équipe

1 - Adjectifs #2

F	R	D	P	N	C	S	I	P	W	W	K	A	R
D	D	O	O	A	R	S	A	S	M	Y	U	U	E
L	E	T	T	T	E	Y	M	L	P	R	G	T	S
E	P	A	E	U	A	T	M	S	A	A	K	E	P
D	Q	T	N	R	T	G	M	P	L	T	N	N	O
F	R	O	T	A	I	J	Q	U	L	S	O	T	N
T	O	A	E	L	V	F	J	D	U	W	I	I	S
G	V	R	M	E	O	S	O	M	A	F	G	C	A
P	O	K	T	M	N	N	L	W	C	L	G	O	B
U	U	S	Z	E	A	C	T	T	N	Q	A	A	I
H	N	P	R	R	S	T	B	Z	Q	D	V	H	L
P	U	R	O	N	H	C	I	H	S	B	L	S	E
E	L	E	G	A	N	T	E	C	T	X	E	O	P
O	S	O	I	L	G	O	G	R	O	N	S	L	G

AUTENTICO
FAMOSO
CREATIVO
DOTATO
DRAMMATICO
ELEGANTE
ORGOGLIOSO
FORTE
NATURALE
NUOVO
POTENTE
PURO
RESPONSABILE
SANO
SALATO
SELVAGGIO

2 - Formes

P	Y	A	T	C	T	R	I	A	N	G	O	L	O
E	I	F	Z	U	K	K	F	K	E	M	Y	F	C
L	I	R	O	B	E	J	X	Z	L	I	N	E	A
L	X	H	A	O	L	O	G	N	A	C	L	C	I
I	C	W	C	M	T	Y	W	T	V	U	L	I	I
S	X	O	D	Q	I	O	L	Y	O	R	H	L	P
S	Y	I	N	H	F	D	A	E	I	V	M	I	E
E	R	H	P	O	Y	O	E	B	C	A	Q	N	R
N	O	C	R	A	R	H	Z	J	S	L	Y	D	B
L	T	R	I	B	O	R	D	I	H	F	L	R	O
A	Q	E	S	X	J	O	G	O	K	F	E	O	L
T	U	C	M	P	O	L	I	G	O	N	O	R	E
O	O	T	A	R	D	A	U	Q	L	U	F	P	A
R	E	T	T	A	N	G	O	L	O	J	X	O	O

ARCO
BORDI
QUADRATO
CERCHIO
ANGOLO
CURVA
CONO
LATO
CUBO
CILINDRO
ELLISSE
IPERBOLE
LINEA
OVALE
POLIGONO
PRISMA
PIRAMIDE
RETTANGOLO
SFERA
TRIANGOLO

3 - Force et Gravité

W	D	F	U	C	S	O	F	P	L	H	X	K	C
D	U	G	X	T	Y	R	H	E	O	N	U	D	P
S	C	O	P	E	R	T	A	S	M	A	S	S	E
Z	Z	B	H	J	U	N	E	O	S	N	G	G	T
R	X	R	S	P	R	E	S	S	I	O	N	E	E
Y	X	C	P	G	B	C	J	P	T	T	A	L	M
D	I	S	T	A	N	Z	A	X	E	T	T	A	P
F	I	S	I	C	A	W	I	R	N	A	T	S	O
M	E	C	C	A	N	I	C	A	G	P	R	R	O
D	I	N	A	M	I	C	O	Q	A	M	I	E	R
X	O	T	N	E	M	I	V	O	M	I	T	V	B
E	S	P	A	N	S	I	O	N	E	I	O	I	I
P	I	A	N	E	T	I	Z	X	H	N	O	N	T
P	R	O	P	R	I	E	T	À	E	C	R	U	A

ASSE
CENTRO
SCOPERTA
DISTANZA
DINAMICO
ESPANSIONE
ATTRITO
IMPATTO
MAGNETISMO
MECCANICA
MOVIMENTO
ORBITA
FISICA
PIANETI
PESO
PRESSIONE
PROPRIETÀ
TEMPO
UNIVERSALE

4 - Adjectifs #1

E	Q	Y	E	E	D	I	S	W	N	U	Y	N	O
O	N	M	O	H	G	N	W	O	T	N	E	L	N
V	S	O	A	Z	C	N	D	C	T	E	T	O	E
I	Z	L	R	W	W	O	C	I	E	T	A	T	S
T	D	L	R	M	G	C	E	T	S	N	I	U	T
T	Y	E	F	N	E	E	T	A	O	E	G	L	O
A	C	B	N	X	S	N	N	M	T	A	E	O	E
R	K	X	Q	T	Y	T	A	O	I	R	N	S	N
G	Q	L	I	L	I	E	T	R	C	T	E	S	A
C	H	J	Z	J	B	C	R	A	O	T	R	A	V
M	O	D	E	R	N	O	O	D	K	A	O	H	O
P	E	S	A	N	T	E	P	W	K	L	S	Y	I
O	S	O	I	Z	I	B	M	A	E	I	O	D	G
S	I	B	C	A	O	C	I	T	S	I	T	R	A

ASSOLUTO
ATTIVO
AMBIZIOSO
AROMATICO
ARTISTICO
ATTRAENTE
BELLO
ESOTICO
ENORME
GENEROSO
ONESTO
IDENTICO
IMPORTANTE
INNOCENTE
GIOVANE
LENTO
PESANTE
SOTTILE
MODERNO

5 - Instruments de Musique

B	M	C	H	I	T	A	R	R	A	V	T	A	P
A	S	A	W	W	N	M	N	L	C	I	A	R	I
N	P	G	N	O	G	X	F	X	I	O	M	P	A
J	M	E	Z	D	J	T	F	K	N	L	B	A	N
O	A	Q	R	H	O	D	W	P	O	I	U	C	O
T	R	G	G	C	T	L	E	U	M	N	R	L	F
T	I	B	K	M	U	F	I	P	R	O	E	A	O
O	M	I	I	K	A	S	J	N	A	I	L	R	R
G	B	O	O	R	L	K	S	K	O	C	L	I	T
A	A	P	G	B	F	E	X	I	R	I	O	N	E
F	I	Q	N	H	O	U	W	E	O	M	Z	E	A
T	R	O	M	B	A	E	E	B	G	N	U	T	R
T	R	O	M	B	O	N	E	P	U	H	E	T	J
F	J	W	Q	T	A	M	B	U	R	O	L	O	L

BANJO
FAGOTTO
CLARINETTO
FLAUTO
GONG
CHITARRA
ARMONICA
ARPA
OBOE
MANDOLINO
MARIMBA
PERCUSSIONE
PIANOFORTE
TAMBURO
TAMBURELLO
TROMBONE
TROMBA
VIOLINO

6 - Échecs

S	C	Y	E	G	B	E	D	T	F	Z	Z	F	K
F	O	D	M	O	I	C	I	F	I	R	C	A	S
I	N	U	T	P	P	O	V	I	S	S	A	P	T
D	C	E	R	O	T	A	C	O	I	G	N	T	N
E	O	A	C	W	Q	T	R	O	M	X	I	E	D
L	R	R	R	C	E	G	T	E	C	N	G	M	C
A	S	Q	E	R	A	Y	J	M	G	C	E	P	A
N	O	Y	A	N	P	U	N	T	I	O	R	O	M
O	C	N	A	I	B	A	K	E	P	A	L	U	P
G	A	V	V	E	R	S	A	R	I	O	Y	E	I
A	S	T	R	A	T	E	G	I	A	G	F	J	O
I	P	E	R	I	M	P	A	R	A	R	E	Q	N
D	I	N	T	E	L	L	I	G	E	N	T	E	E
Y	T	Y	G	T	O	R	N	E	O	J	T	J	D

AVVERSARIO
PER IMPARARE
BIANCO
CAMPIONE
CONCORSO
SFIDE
DIAGONALE
INTELLIGENTE
GIOCO
GIOCATORE
NERO
PASSIVO
PUNTI
REGINA
REGOLE
RE
SACRIFICIO
STRATEGIA
TEMPO
TORNEO

7 - Herboristerie

F	I	N	O	C	C	H	I	O	F	C	A	B	D
G	U	S	T	O	M	I	T	O	I	U	R	E	R
P	A	U	M	G	S	E	P	O	O	L	O	N	O
T	R	G	F	D	A	E	N	À	R	I	M	E	S
J	X	E	L	K	T	W	M	T	E	N	A	F	M
A	L	U	Z	I	L	D	E	I	A	A	T	I	A
O	A	Z	M	Z	O	S	X	L	Q	R	I	C	R
N	O	N	A	R	E	F	F	A	Z	I	C	O	I
I	V	E	R	D	E	M	N	U	O	O	O	X	N
D	R	P	R	G	P	X	O	Q	A	Q	P	C	O
R	L	A	V	A	N	D	A	L	U	E	I	B	E
A	Q	E	O	L	L	E	C	N	O	G	A	R	D
I	N	G	R	E	D	I	E	N	T	E	A	T	R
G	M	A	G	G	I	O	R	A	N	A	X	Y	Y

AGLIO
AROMATICO
BENEFICO
CULINARIO
DRAGONCELLO
FINOCCHIO
FIORE
INGREDIENTE
GIARDINO
LAVANDA
MAGGIORANA
MENTA
PREZZEMOLO
QUALITÀ
ROSMARINO
ZAFFERANO
GUSTO
TIMO
VERDE

8 - Camping

A	C	N	B	E	W	Z	N	H	T	J	N	W	C
R	A	A	T	S	E	R	O	F	X	D	J	W	L
U	N	T	L	M	A	P	P	A	D	R	O	C	F
T	O	U	L	A	N	I	B	A	C	J	C	A	U
A	A	R	U	N	N	B	O	Z	B	Z	M	P	O
Z	V	A	N	G	O	T	T	E	S	N	I	P	C
Z	T	V	A	A	C	U	E	E	R	F	L	E	O
E	E	D	E	T	A	A	P	R	Q	E	A	L	D
R	N	G	M	N	H	Q	C	U	N	N	M	L	L
T	D	F	S	O	T	R	R	C	M	A	I	O	A
T	A	H	U	M	Q	U	U	D	I	C	N	N	G
A	L	O	S	S	U	B	R	P	G	A	A	Z	O
J	W	F	K	K	C	P	E	A	C	M	R	B	M
H	A	N	F	K	B	Z	G	S	Y	A	R	I	W

ANIMALI
AVVENTURA
BUSSOLA
CABINA
CANOA
MAPPA
CAPPELLO
CACCIA
CORDA
ATTREZZATURA
FUOCO
FORESTA
AMACA
INSETTO
LAGO
LANTERNA
LUNA
MONTAGNA
NATURA
TENDA

9 - Écologie

C	O	M	U	N	I	T	À	N	F	U	X	L	W
X	A	L	E	I	C	E	P	S	A	N	U	A	F
V	A	R	I	E	T	À	N	E	A	T	X	W	N
X	R	I	S	O	R	S	E	G	H	S	U	B	F
V	O	L	O	N	T	A	R	I	A	X	A	R	L
N	A	O	P	I	D	M	A	B	B	T	M	F	A
U	Q	D	N	R	I	I	N	Z	I	J	N	L	F
S	M	O	H	A	V	L	Z	E	T	Q	Q	O	X
E	E	O	G	M	E	C	L	U	A	Y	M	Z	M
B	O	H	N	E	R	J	E	K	T	O	L	N	D
Q	M	C	Q	P	S	P	A	L	U	D	E	J	J
À	T	I	C	C	I	S	P	I	A	N	T	E	K
Q	B	R	G	M	T	L	F	L	O	R	A	Y	N
O	L	Y	Z	E	À	N	A	T	U	R	A	L	E

VOLONTARI
CLIMA
COMUNITÀ
DIVERSITÀ
SPECIE
FAUNA
FLORA
HABITAT
PALUDE
MARINO
MONTAGNE
NATURA
NATURALE
PIANTE
RISORSE
SICCITÀ
VARIETÀ

10 - Géométrie

X	T	R	I	A	N	G	O	L	O	T	P	D	T
P	K	G	I	Y	C	M	A	S	S	A	R	I	C
L	Q	O	T	N	E	M	G	E	S	V	O	A	L
D	I	C	A	L	C	O	L	O	U	R	P	M	R
A	I	R	T	E	M	M	I	S	P	U	O	E	X
A	O	M	T	R	M	X	P	Y	E	C	R	T	M
A	L	Q	E	E	Y	I	D	L	R	N	Z	R	E
N	E	T	Q	N	O	F	F	N	F	U	I	O	D
G	L	J	E	C	S	R	T	J	I	M	O	I	I
O	L	P	L	Z	K	I	I	G	C	E	N	H	A
L	A	U	H	T	Z	C	O	A	I	R	E	C	N
O	R	M	H	O	R	A	P	N	E	O	L	R	O
L	A	L	O	G	I	C	A	F	E	S	A	E	W
M	P	E	Q	U	A	Z	I	O	N	E	R	C	Q

ANGOLO
CALCOLO
CERCHIO
CURVA
DIAMETRO
DIMENSIONE
EQUAZIONE
ALTEZZA
LOGICA
MASSA
MEDIANO
NUMERO
PARALLELO
PROPORZIONE
SEGMENTO
SUPERFICIE
SIMMETRIA
TEORIA
TRIANGOLO

11 - Les Médias

C	S	I	A	E	E	T	E	R	R	S	O	A	D
O	X	N	T	D	L	D	L	K	I	O	N	E	I
M	O	D	T	U	A	P	I	Y	Y	T	L	L	G
U	R	U	E	C	U	U	L	Z	B	Z	I	A	I
N	A	S	G	A	D	B	A	F	I	X	N	U	T
I	D	T	G	Z	I	B	N	O	N	O	E	T	A
C	I	R	I	I	V	L	R	T	I	F	N	T	L
A	O	I	A	O	I	I	O	O	G	A	O	E	E
Z	H	A	M	N	D	C	I	D	A	T	I	L	K
I	M	H	E	E	N	O	G	S	M	T	N	L	A
O	G	C	N	Y	I	M	R	C	M	I	I	E	M
N	X	Y	T	X	X	A	U	I	I	Z	P	T	X
E	L	D	I	L	O	C	A	L	E	X	O	N	W
C	O	M	M	E	R	C	I	A	L	E	R	I	H

ATTEGGIAMENTI
COMMERCIALE
COMUNICAZIONE
ONLINE
EDIZIONE
EDUCAZIONE
FATTI
IMMAGINI
INDIVIDUALE
INDUSTRIA
INTELLETTUALE
GIORNALI
LOCALE
DIGITALE
OPINIONE
FOTO
PUBBLICO
RADIO
RETE

12 - Philanthropie

U	C	U	C	I	C	S	A	B	F	H	D	U	B
G	M	O	D	F	F	A	I	P	P	U	R	G	A
I	G	A	M	X	R	M	R	O	M	G	Y	L	M
O	L	D	N	U	E	N	O	I	S	S	I	M	B
V	O	T	P	I	N	Z	T	W	T	C	S	P	I
E	B	Y	H	P	T	I	S	W	R	À	F	Y	N
N	A	R	Q	T	R	À	T	A	Z	J	I	C	I
T	L	T	P	B	E	Z	K	À	Q	Y	D	P	D
Ù	E	F	I	N	A	N	Z	A	P	C	E	E	N
P	R	O	G	R	A	M	M	I	M	K	M	R	O
G	E	N	E	R	O	S	I	T	À	G	S	S	F
Q	C	O	N	T	A	T	T	I	H	H	S	O	D
B	Y	L	D	B	I	S	O	G	N	O	R	N	X
L	L	O	N	E	S	T	À	I	Q	C	F	E	M

BISOGNO
CARITÀ
COMUNITÀ
CONTATTI
SFIDE
BAMBINI
FINANZA
FONDI
PERSONE
GENEROSITÀ
GLOBALE
GRUPPI
STORIA
ONESTÀ
UMANITÀ
GIOVENTÙ
MISSIONE
PROGRAMMI

13 - Diplomatie

D	I	S	C	U	S	S	I	O	N	E	A	R	A
C	I	T	T	A	D	I	N	I	C	J	U	I	M
T	E	D	N	X	R	À	O	W	L	O	W	S	B
P	N	K	M	J	E	T	W	K	E	C	D	O	A
I	O	U	M	A	N	I	T	A	R	I	O	L	S
N	I	L	A	C	E	N	O	Z	E	T	T	U	C
T	Z	G	I	I	N	U	R	Z	I	A	T	Z	I
E	A	O	Z	T	O	M	E	E	L	M	I	I	A
G	R	V	I	E	I	O	I	R	G	O	L	O	T
R	E	E	T	C	Z	C	N	U	I	L	F	N	A
I	P	R	S	A	U	W	A	C	S	P	N	E	K
T	O	N	U	Y	L	N	R	I	N	I	O	R	G
À	O	O	I	N	O	Y	T	S	O	D	C	Q	K
K	C	P	G	F	S	R	S	M	C	S	U	C	Q

AMBASCIATA
CITTADINI
COMUNITÀ
CONFLITTO
CONSIGLIERE
COOPERAZIONE
DIPLOMATICO
DISCUSSIONE
ETICA

STRANIERO
GOVERNO
UMANITARIO
INTEGRITÀ
GIUSTIZIA
POLITICA
RISOLUZIONE
SICUREZZA
SOLUZIONE

14 - Électricité

D	U	C	C	E	P	O	S	I	T	I	V	O	A
I	T	H	Y	L	R	E	T	E	G	Q	M	E	T
S	A	I	R	E	T	T	A	B	A	Y	A	L	T
I	B	K	À	T	I	T	N	A	U	Q	G	E	R
C	Z	I	J	T	U	L	O	D	H	R	N	T	E
L	A	S	E	R	P	Q	W	A	A	N	E	T	Z
A	W	V	Z	I	B	U	J	P	O	D	T	R	Z
S	H	G	O	C	L	O	O	M	P	H	E	I	A
E	N	U	D	O	V	I	T	A	G	E	N	C	T
R	G	L	L	H	W	J	F	L	R	Z	B	I	U
L	A	M	P	A	D	I	N	A	X	I	P	S	R
T	E	L	E	F	O	N	O	A	B	M	C	T	A
G	E	N	E	R	A	T	O	R	E	A	M	A	Y
K	M	O	G	G	E	T	T	I	Q	O	D	S	C

MAGNETE
LAMPADINA
BATTERIA
CAVO
ELETTRICISTA
ELETTRICO
ATTREZZATURA
FILI
GENERATORE
LAMPADA
LASER
NEGATIVO
OGGETTI
POSITIVO
PRESA
QUANTITÀ
RETE
TELEFONO

15 - Astronomie

S	L	U	N	A	R	O	E	T	E	M	B	H	A
U	N	T	A	S	T	R	O	N	A	U	T	A	S
P	H	E	R	A	Z	Z	O	N	H	Q	W	A	T
E	Z	R	S	O	L	A	R	E	G	E	H	P	R
R	L	R	I	K	L	K	W	Q	B	M	C	P	O
N	R	A	T	E	N	A	I	P	N	I	D	W	N
O	O	I	R	O	T	A	V	R	E	S	S	O	O
V	G	A	L	A	S	S	I	A	B	S	W	L	M
A	D	O	S	R	E	V	I	N	U	I	T	E	O
A	S	T	E	R	O	I	D	E	L	L	S	I	J
D	I	C	O	S	J	O	M	S	O	C	S	C	K
E	Q	U	I	N	O	Z	I	O	S	E	P	B	G
Y	C	S	L	E	N	O	I	Z	A	I	D	A	R
C	O	S	T	E	L	L	A	Z	I	O	N	E	P

ASTEROIDE
ASTRONAUTA
ASTRONOMO
CIELO
COSTELLAZIONE
COSMO
ECLISSI
EQUINOZIO
RAZZO
GALASSIA
LUNA
METEORA
NEBULOSA
OSSERVATORIO
PIANETA
RADIAZIONE
SOLARE
SUPERNOVA
TERRA
UNIVERSO

16 - Physique

A	F	A	T	O	M	O	M	F	G	G	Z	P	M
C	O	G	S	O	A	C	O	R	M	A	H	A	E
C	R	R	C	S	K	U	L	E	O	P	S	R	C
E	M	A	Q	N	A	E	E	Q	T	B	H	T	C
L	U	V	A	M	X	M	C	U	O	T	R	I	A
E	L	I	H	N	G	H	O	E	R	U	E	C	N
R	A	T	E	A	X	W	L	N	E	Q	O	E	I
A	D	À	R	R	T	À	A	Z	R	P	Q	L	C
Z	P	À	T	I	V	I	T	A	L	E	R	L	A
I	L	M	A	G	N	E	T	I	S	M	O	A	O
O	N	U	C	L	E	A	R	E	S	J	I	Q	P
N	E	L	E	T	T	R	O	N	E	N	R	K	F
E	U	N	I	V	E	R	S	A	L	E	E	F	S
U	Q	R	C	H	I	M	I	C	O	C	H	D	H

ACCELERAZIONE
ATOMO
CAOS
CHIMICO
DENSITÀ
ELETTRONE
FORMULA
FREQUENZA
GAS
GRAVITÀ
MAGNETISMO
MASSA
MECCANICA
MOLECOLA
MOTORE
NUCLEARE
PARTICELLA
RELATIVITÀ
UNIVERSALE

17 - Types de Cheveux

L	U	N	G	O	C	N	A	I	B	S	L	Y	G
S	O	T	T	I	L	E	M	W	E	A	B	R	J
R	S	P	E	S	S	O	R	E	C	N	R	D	C
M	I	M	I	Z	B	F	H	Z	A	O	O	D	G
N	F	C	R	S	H	I	U	B	L	B	A	P	R
R	C	E	C	O	L	F	X	E	V	E	R	B	I
X	I	O	D	I	B	R	O	M	O	A	A	G	G
O	U	C	H	X	O	T	T	U	I	C	S	A	I
D	R	H	C	C	E	L	E	N	Q	M	P	Y	O
N	Z	Z	F	I	R	U	I	H	B	Q	H	Z	D
O	E	Q	T	Q	O	T	N	E	G	R	A	B	I
I	A	R	W	Q	C	O	L	O	R	A	T	O	C
B	F	L	O	T	A	L	U	D	N	O	G	E	U
B	M	D	M	A	R	R	O	N	E	P	W	W	L

ARGENTO
BIANCO
BIONDO
RICCIOLI
LUCIDO
CALVO
COLORATO
BREVE
MORBIDO
SPESSORE
RICCIO
GRIGIO
LUNGO
MARRONE
SOTTILE
NERO
ONDULATO
SANO
ASCIUTTO

18 - Archéologie

Z	E	I	S	I	L	A	N	A	K	E	Z	E	L
S	T	T	N	Q	R	F	H	S	N	N	E	R	G
Q	N	T	O	O	U	L	E	I	A	O	R	O	P
O	E	E	O	S	Y	A	C	I	V	I	L	T	À
T	D	G	S	S	S	I	D	E	L	Z	A	A	F
R	N	G	C	A	E	R	A	R	E	A	N	C	O
E	E	O	I	U	E	A	P	O	A	T	T	R	S
P	C	L	T	N	I	X	W	S	E	U	I	E	S
S	S	C	I	O	T	P	F	S	Z	L	C	C	I
E	I	C	Q	Q	M	U	O	E	U	A	H	I	L
S	D	F	L	T	U	B	H	F	O	V	I	R	E
T	E	M	P	I	O	I	A	O	M	Y	T	Q	X
Z	W	E	A	C	I	M	A	R	E	C	À	Z	Z
M	I	S	T	E	R	O	Y	P	M	E	T	D	E

ANALISI
ANTICHITÀ
RICERCATORE
CIVILTÀ
DISCENDENTE
ESPERTO
ERA
SQUADRA
VALUTAZIONE
FOSSILE
MISTERO
OGGETTI
OSSA
CERAMICA
PROFESSORE
RELIQUIA
TEMPIO
TOMBA

19 - Mammifères

T	U	E	X	H	V	Q	L	G	A	T	T	O	A
O	S	Y	A	R	O	C	E	P	L	U	P	O	M
R	T	F	F	D	L	F	O	L	L	A	V	A	C
O	E	T	F	L	P	B	N	K	G	R	Y	F	K
E	T	N	A	F	E	L	E	O	C	M	L	P	L
D	O	E	R	G	I	T	L	T	R	W	U	D	C
D	Y	N	I	O	J	H	J	F	O	S	I	E	O
S	O	A	G	C	A	N	G	U	R	O	O	L	N
G	C	C	L	E	R	Q	X	B	N	H	O	F	I
N	F	I	B	Z	B	A	L	E	N	A	L	I	G
H	K	I	M	J	E	C	J	D	T	N	I	N	L
I	C	A	L	M	Z	R	X	T	T	W	E	O	I
S	O	S	P	G	I	B	F	X	M	T	G	P	O
C	I	J	Y	Z	W	A	L	L	I	R	O	G	H

BALENA
GATTO
CAVALLO
CANE
COYOTE
DELFINO
ELEFANTE
GIRAFFA
GORILLA
CANGURO

CONIGLIO
LEONE
LUPO
PECORA
ORSO
VOLPE
SCIMMIA
TORO
TIGRE
ZEBRA

20 - Chocolat

N	G	S	T	C	R	W	A	M	O	R	A	U	X
O	T	I	R	E	F	E	R	P	F	I	G	F	G
C	Q	U	A	L	I	T	À	B	N	C	N	I	E
E	R	E	V	L	O	P	L	Z	K	E	K	U	L
D	D	A	C	E	J	B	G	B	Q	T	J	L	A
I	E	R	P	S	M	L	A	Y	T	T	M	Y	N
C	L	A	Y	O	A	C	A	C	K	A	L	W	A
O	I	C	E	T	N	E	I	D	E	R	G	N	I
C	Z	H	E	I	Y	C	G	M	J	T	Z	N	G
C	I	I	O	C	R	L	A	U	A	C	O	X	I
O	O	D	E	O	P	O	M	M	S	Y	O	X	T
H	S	I	A	W	R	D	L	D	A	T	I	O	R
G	O	L	L	E	M	A	R	A	C	R	O	X	A
C	A	R	A	M	E	L	L	A	C	O	O	E	M

AMARO
AROMA
ARTIGIANALE
CARAMELLA
ARACHIDI
CACAO
CALORIE
CARAMELLO
DELIZIOSO
DOLCE
ESOTICO
PREFERITO
GUSTO
INGREDIENTE
NOCE DI COCCO
POLVERE
QUALITÀ
RICETTA

21 - Mathématiques

D	E	C	I	M	A	L	E	P	D	K	O	M	S
P	B	A	I	L	O	G	N	A	S	F	E	R	A
M	E	I	A	I	F	B	O	R	N	R	R	T	M
P	E	R	C	M	K	B	I	A	D	H	A	I	T
O	S	T	I	Q	A	T	Z	L	F	O	A	J	I
L	P	E	T	M	B	D	A	L	B	L	T	O	P
I	O	M	E	R	E	S	R	E	S	O	M	M	A
G	N	O	M	U	A	T	F	L	I	G	V	H	H
O	E	E	T	N	K	G	R	O	X	N	O	P	T
N	N	G	I	K	N	W	G	O	M	A	L	E	J
O	T	O	R	T	E	M	A	I	D	I	U	Y	A
U	E	N	A	B	N	C	D	Q	O	R	M	C	R
Q	U	A	D	R	A	T	O	U	W	T	E	Y	U
E	Q	U	A	Z	I	O	N	E	G	B	W	S	C

ANGOLI
ARITMETICA
QUADRATO
DECIMALE
DIAMETRO
ESPONENTE
EQUAZIONE
FRAZIONE
GEOMETRIA
PARALLELO
PERIMETRO
POLIGONO
RAGGIO
SOMMA
SFERA
TRIANGOLO
VOLUME

22 - Sport

O	Z	A	Q	O	S	S	A	Z	N	A	D	F	L
J	B	C	O	R	P	O	J	Z	U	G	O	E	W
O	M	I	E	A	X	P	U	B	T	T	A	E	K
G	U	R	E	À	A	M	M	A	R	G	O	R	P
G	S	E	R	T	T	Z	C	R	I	A	Z	A	M
I	C	S	O	I	T	Z	J	A	Z	T	K	Z	E
N	O	I	T	C	X	I	X	Z	I	L	X	Z	T
G	L	S	A	A	N	K	V	R	O	E	N	I	A
T	I	T	N	P	U	N	Y	O	N	T	D	M	B
P	L	E	E	A	O	N	S	F	E	A	W	I	O
P	Y	N	L	C	T	S	A	L	U	T	E	S	L
J	W	Z	L	N	A	E	Z	Z	B	L	R	S	I
E	O	A	A	G	R	W	I	X	S	G	W	A	C
A	U	N	Z	N	E	M	X	D	W	L	G	M	O

ATLETA
CAPACITÀ
CORPO
DANZA
DIETA
RESISTENZA
ALLENATORE
FORZA
JOGGING
MASSIMIZZARE
METABOLICO
MUSCOLI
NUOTARE
NUTRIZIONE
OBIETTIVO
OSSA
PROGRAMMA
SALUTE

23 - Mythologie

C	E	R	O	E	G	G	Q	Y	D	L	T	J	P
O	P	L	P	C	K	U	O	C	G	I	F	I	M
M	M	B	I	U	U	E	L	M	J	K	L	A	P
P	B	K	T	L	I	R	C	Z	O	N	O	U	T
O	M	D	E	T	O	R	T	S	A	S	I	D	N
R	A	G	H	U	U	I	O	E	I	R	T	B	O
T	G	J	C	R	W	E	Z	N	E	D	E	R	C
A	I	M	R	A	F	R	G	O	M	E	Z	L	O
M	C	O	A	L	O	O	G	E	L	O	S	I	A
E	O	R	J	J	R	L	E	G	G	E	N	D	A
N	J	T	P	X	Z	F	U	L	M	I	N	E	E
T	I	A	T	L	A	R	U	T	A	E	R	C	K
O	Q	L	C	R	E	A	Z	I	O	N	E	N	I
G	G	E	L	A	B	I	R	I	N	T	O	F	B

ARCHETIPO
DISASTRO
COMPORTAMENTO
CREAZIONE
CREATURA
CREDENZE
CULTURA
FULMINE
FORZA
GUERRIERO
EROE
GELOSIA
LABIRINTO
LEGGENDA
MAGICO
MOSTRO
MORTALE
TUONO

24 - Restaurant #2

O	I	I	K	P	A	P	E	R	I	T	I	V	O
D	G	N	E	E	R	U	D	R	E	V	L	E	T
P	H	S	S	L	D	A	U	Q	C	A	V	O	U
S	I	B	I	A	I	S	N	P	T	O	R	T	A
P	A	S	P	S	L	U	I	Z	Z	U	T	P	H
E	C	G	K	B	U	A	R	Y	O	X	K	K	H
Z	C	T	Z	G	S	N	T	F	R	U	T	T	A
I	I	A	T	X	B	E	U	A	S	J	K	M	R
E	O	I	A	I	H	C	C	U	C	F	U	W	T
F	O	R	C	H	E	T	T	A	T	X	I	G	S
B	E	V	A	N	D	A	U	T	H	Y	Q	U	E
D	N	X	J	U	S	E	D	I	A	Y	E	L	N
D	E	L	I	Z	I	O	S	O	Z	J	E	U	I
C	A	M	E	R	I	E	R	E	C	S	E	P	M

APERITIVO
BEVANDA
SEDIA
CUCCHIAIO
PRANZO
DELIZIOSO
CENA
ACQUA
SPEZIE
FORCHETTA
FRUTTA
TORTA
GHIACCIO
VERDURE
UOVA
PESCE
INSALATA
SALE
CAMERIERE
MINESTRA

25 - Beauté

S	H	F	R	O	S	S	E	T	T	O	O	Y	F
H	J	O	I	C	S	I	L	C	C	C	S	L	P
A	S	R	Z	F	I	L	L	K	O	I	P	T	I
M	E	B	L	A	A	B	E	Y	L	N	E	R	L
P	R	I	G	I	Z	S	P	N	O	E	C	U	O
O	V	C	A	Z	N	F	C	H	R	G	C	C	I
O	I	I	R	A	A	J	I	I	E	O	H	C	C
A	Z	N	A	R	G	A	R	F	N	T	I	O	C
N	I	R	C	G	E	A	J	X	Z	O	O	U	I
Q	U	M	S	Y	L	Y	A	W	Y	F	H	C	R
K	X	Y	A	S	E	T	N	A	G	E	L	E	X
C	O	S	M	E	T	I	C	I	Y	C	G	A	C
F	M	Z	W	S	T	I	L	I	S	T	A	P	H
P	E	S	H	M	Q	P	Z	G	X	Q	S	Q	N

RICCIOLI
FASCINO
FORBICI
COSMETICI
COLORE
ELEGANZA
ELEGANTE
GRAZIA
OLI
LISCIO
TRUCCO
MASCARA
SPECCHIO
FRAGRANZA
PELLE
FOTOGENICO
ROSSETTO
SERVIZI
SHAMPOO
STILISTA

26 - Avions

C	P	A	L	L	O	N	C	I	N	O	P	I	X
P	A	R	E	F	S	O	M	T	A	A	I	D	R
I	A	R	Q	P	G	J	G	S	T	Z	L	R	J
D	E	S	B	N	E	R	O	T	O	M	O	O	K
E	I	O	S	U	O	F	N	O	L	K	T	G	A
I	W	S	B	E	R	Z	A	R	E	X	A	E	L
J	T	C	C	Y	G	A	W	I	I	I	R	N	T
H	D	N	K	E	L	G	N	A	C	G	U	O	I
Y	T	U	X	E	S	P	E	T	S	K	T	F	T
E	Q	I	B	U	S	A	K	R	E	B	N	A	U
U	S	Q	E	R	A	I	F	N	O	G	E	O	D
C	O	S	T	R	U	Z	I	O	N	E	V	H	I
A	T	T	E	R	R	A	G	G	I	O	V	H	N
A	L	T	E	Z	Z	A	I	R	A	M	A	C	E

ARIA
ALTITUDINE
ATMOSFERA
ATTERRAGGIO
AVVENTURA
PALLONCINO
CARBURANTE
CIELO
COSTRUZIONE
DISCESA
GONFIARE
ALTEZZA
STORIA
IDROGENO
MOTORE
PASSEGGERO
PILOTA

27 - Aventure

S	S	C	E	S	C	U	R	S	I	O	N	E	B
A	O	I	O	V	O	U	N	D	Z	Y	I	O	E
S	M	R	C	R	L	G	D	J	T	O	T	P	L
N	S	P	P	U	A	C	A	S	O	Y	I	P	L
À	A	E	N	R	R	G	L	T	N	Z	N	O	E
T	I	R	T	F	E	E	G	Q	A	À	E	R	Z
L	S	I	G	A	B	N	Z	I	W	T	R	T	Z
O	U	C	O	M	Y	B	D	Z	O	I	A	U	A
C	T	O	K	B	Y	E	A	E	A	V	R	N	R
I	N	L	O	T	I	L	O	S	N	I	I	I	U
F	E	O	V	I	A	G	G	I	O	T	O	T	T
F	J	S	O	J	M	I	N	E	F	T	E	À	A
I	P	O	R	M	W	G	I	O	I	A	M	G	N
D	E	S	T	I	N	A	Z	I	O	N	E	Q	O

ATTIVITÀ
BELLEZZA
CORAGGIO
CASO
PERICOLOSO
DESTINAZIONE
DIFFICOLTÀ
ENTUSIASMO
ESCURSIONE
INSOLITO
ITINERARIO
GIOIA
NATURA
NUOVO
OPPORTUNITÀ
SICUREZZA
SORPRENDENTE
VIAGGI

28 - Ville

A	E	R	O	P	O	R	T	O	E	S	U	M	H
I	R	O	T	A	C	R	E	M	R	E	P	U	S
R	I	C	A	S	C	U	O	L	A	C	N	A	B
E	S	L	C	U	N	I	V	E	R	S	I	T	À
T	T	I	R	I	A	T	E	A	T	R	O	F	Q
T	O	N	E	A	I	S	T	A	D	I	O	E	I
E	R	I	M	X	R	A	M	E	N	I	C	C	X
N	A	C	A	C	E	T	O	I	L	B	I	B	W
A	N	A	F	N	L	S	C	P	B	E	B	N	T
P	T	H	J	E	L	I	W	P	K	Q	T	A	E
Z	E	N	M	F	A	R	M	A	C	I	A	O	X
T	O	X	W	Z	G	O	Q	Z	D	Z	B	I	H
Y	Y	O	O	A	A	I	R	E	R	B	I	L	P
N	P	D	P	G	E	F	G	C	A	R	I	D	C

AEROPORTO
BANCA
BIBLIOTECA
PANETTERIA
CINEMA
CLINICA
SCUOLA
FIORISTA
GALLERIA
HOTEL
LIBRERIA
MERCATO
MUSEO
FARMACIA
RISTORANTE
STADIO
SUPERMERCATO
TEATRO
UNIVERSITÀ
ZOO

29 - Ingénierie

I	N	G	R	A	N	A	G	G	I	F	B	C	T
M	C	C	S	M	P	À	E	I	H	O	N	E	K
A	O	J	T	M	E	T	A	I	G	R	E	N	E
C	S	L	R	A	N	I	K	B	P	Z	C	O	D
C	T	I	U	R	O	L	O	C	L	A	C	I	A
H	R	Q	T	G	I	I	E	M	Y	T	E	Z	N
I	U	U	T	A	Z	B	S	S	O	T	C	A	G
N	Z	I	U	I	A	A	S	L	E	T	U	T	O
A	I	D	R	D	R	T	A	Y	R	I	O	O	L
M	O	O	A	M	U	S	H	O	H	L	D	R	O
D	N	X	C	R	S	M	B	F	B	Y	H	Z	E
I	E	L	À	T	I	D	N	O	F	O	R	P	K
Z	O	R	T	E	M	A	I	D	P	N	Q	H	E
D	I	S	T	R	I	B	U	Z	I	O	N	E	R

ANGOLO
ASSE
CALCOLO
COSTRUZIONE
DIAGRAMMA
DIAMETRO
DIESEL
DISTRIBUZIONE
INGRANAGGI
ENERGIA
FORZA
LIQUIDO
MACCHINA
MISURAZIONE
MOTORE
PROFONDITÀ
ROTAZIONE
STABILITÀ
STRUTTURA

30 - Énergie

D	V	M	A	M	B	I	E	N	T	E	N	I	I
A	E	O	N	O	S	E	L	C	E	F	U	N	D
I	N	T	I	M	E	N	I	J	X	O	C	D	R
R	T	O	Z	O	T	C	B	L	X	T	L	U	O
E	O	R	N	C	N	I	A	E	W	O	E	S	G
T	L	E	E	I	A	X	V	S	K	N	A	T	E
T	T	E	B	R	R	M	O	E	O	E	R	R	N
A	U	R	T	T	U	L	N	I	E	L	E	I	O
B	R	O	O	T	B	T	N	D	T	U	E	A	K
K	B	L	Z	E	R	O	I	N	O	B	R	A	C
X	I	A	C	L	A	O	R	X	L	X	P	Y	N
P	N	C	F	E	C	F	N	D	X	Y	B	H	S
K	A	I	P	O	R	T	N	E	F	Q	Z	N	Q
I	N	Q	U	I	N	A	M	E	N	T	O	Q	U

BATTERIA
CARBONIO
CARBURANTE
CALORE
DIESEL
ENTROPIA
AMBIENTE
BENZINA
ELETTRICO
ELETTRONE
IDROGENO
INDUSTRIA
MOTORE
NUCLEARE
FOTONE
INQUINAMENTO
RINNOVABILE
SOLE
TURBINA
VENTO

31 - Cuisine

C	P	O	B	A	C	C	H	E	T	T	E	R	P
M	O	N	R	O	F	V	L	J	T	B	F	G	B
N	S	N	E	B	T	W	A	T	T	E	C	I	R
T	P	S	G	D	G	B	L	S	Z	M	J	B	C
O	E	P	T	E	Q	J	D	B	O	G	P	P	H
V	Z	U	A	F	L	C	U	C	C	H	I	A	I
A	I	G	Z	I	O	A	L	O	T	O	I	C	R
G	E	N	Z	C	D	R	T	B	R	O	C	C	A
L	D	A	E	G	H	Y	C	O	W	U	F	Q	W
I	L	L	E	T	L	O	C	H	R	C	I	B	O
O	M	E	S	T	O	L	O	D	E	E	P	E	N
L	G	R	I	G	L	I	A	G	M	T	A	C	B
O	G	R	E	M	B	I	U	L	E	C	T	J	Z
F	R	I	G	O	R	I	F	E	R	O	A	E	Z

BACCHETTE
CIOTOLA
CONGELATORE
COLTELLI
BROCCA
CUCCHIAI
SPEZIE
SPUGNA
FORNO
FORCHETTE
GRIGLIA
MESTOLO
CIBO
VASO
RICETTA
FRIGORIFERO
TOVAGLIOLO
GREMBIULE
TAZZE

32 - Corps Humain

D	H	W	G	L	W	Y	I	M	P	I	T	T	S
C	I	X	X	F	A	C	A	V	I	G	L	I	A
E	J	T	K	R	T	B	L	G	J	G	C	M	A
R	S	N	O	C	S	M	B	C	O	I	J	A	O
V	O	H	X	C	E	R	Z	R	C	N	P	S	O
E	Q	A	Q	A	T	J	H	R	A	O	E	C	R
L	C	U	O	R	E	N	O	Y	A	C	L	E	E
L	M	U	T	A	O	O	A	R	C	C	L	L	C
O	A	R	N	L	W	J	S	S	F	H	E	L	C
Q	N	T	E	C	O	L	L	O	O	I	U	A	H
Y	O	N	M	G	O	M	I	T	O	O	G	C	I
S	T	O	M	A	C	O	B	J	Q	A	N	C	O
J	N	M	U	N	L	R	U	L	R	P	A	O	T
S	P	A	L	L	A	I	C	C	A	F	S	B	P

BOCCA
CERVELLO
CAVIGLIA
COLLO
GOMITO
CUORE
DITO
STOMACO
SPALLA
GINOCCHIO
LABBRA
MANO
MASCELLA
MENTO
NASO
ORECCHIO
PELLE
SANGUE
TESTA
FACCIA

33 - Épices

P	N	T	U	L	D	E	D	C	A	M	A	R	O
A	U	O	E	O	T	Y	J	U	L	V	L	L	I
P	L	T	C	G	I	F	X	R	L	A	L	I	L
R	M	S	I	E	P	E	P	R	E	N	O	Q	G
I	T	U	N	L	M	U	Q	Y	N	I	P	U	A
K	Q	G	A	A	H	O	F	G	N	G	I	I	F
A	H	U	F	S	Q	M	S	P	A	L	C	R	I
A	C	I	D	O	N	O	H	C	C	I	W	I	N
Y	T	S	K	M	L	M	W	T	A	A	X	Z	O
C	U	M	I	N	O	A	P	G	M	T	G	I	C
X	N	S	G	F	E	D	P	S	J	A	A	A	C
L	Y	M	Q	S	O	R	E	Z	N	E	Z	F	H
B	O	L	O	D	N	A	I	R	O	C	I	U	I
G	J	D	P	D	W	C	U	B	I	H	T	B	O

ACIDO
AGLIO
AMARO
ANICE
CANNELLA
CARDAMOMO
CORIANDOLO
CUMINO
CURRY
FINOCCHIO
ZENZERO
NOCE MOSCATA
CIPOLLA
PAPRIKA
PEPE
LIQUIRIZIA
GUSTO
SALE
VANIGLIA

34 - Science

F	T	H	X	I	N	F	S	I	B	X	O	H	L
A	C	L	I	M	A	E	O	M	O	T	A	C	A
T	C	H	I	M	I	C	O	S	Q	I	C	M	B
T	F	Y	P	Y	H	S	X	D	S	U	S	K	O
O	I	L	A	R	E	N	I	M	A	I	S	I	R
D	S	N	W	N	T	I	K	X	E	T	L	S	A
O	I	C	A	P	Y	H	O	P	C	G	I	E	T
T	C	X	À	T	I	V	A	R	G	K	L	T	O
E	A	K	E	C	U	B	F	H	F	G	H	O	R
M	Q	L	B	M	D	R	H	A	C	O	F	P	I
P	F	O	M	S	I	N	A	G	R	O	R	I	O
Y	F	X	E	M	O	L	E	C	O	L	E	S	D
O	S	S	E	R	V	A	Z	I	O	N	E	W	F
P	A	R	T	I	C	E	L	L	E	O	B	A	P

ATOMO
CHIMICO
CLIMA
DATI
FATTO
FOSSILE
GRAVITÀ
IPOTESI
LABORATORIO
METODO
MINERALI
MOLECOLE
NATURA
OSSERVAZIONE
ORGANISMO
PARTICELLE
FISICA

35 - Vêtements

A	R	Q	S	H	J	C	D	Y	E	A	J	Y	C
I	B	I	R	L	E	A	N	A	L	L	O	C	A
A	I	I	I	A	A	P	N	P	K	Z	S	E	P
Y	O	H	T	Z	N	P	P	N	Q	J	C	P	P
O	G	N	N	O	S	O	Y	H	O	M	I	A	E
F	U	O	A	R	U	T	N	I	C	G	A	N	L
H	C	A	U	K	L	T	Y	G	U	B	R	T	L
S	W	G	G	W	A	O	Y	H	I	N	P	A	O
C	A	M	I	C	I	A	K	Z	L	S	A	L	G
P	I	G	I	A	M	A	P	R	A	C	S	O	I
Q	I	G	Q	D	J	R	M	O	D	A	L	N	A
C	A	M	I	C	E	T	T	A	N	P	L	I	C
M	A	G	L	I	O	N	E	P	A	U	O	B	C
G	R	E	M	B	I	U	L	E	S	N	T	K	A

CINTURA
CAPPELLO
SCARPA
CAMICIA
CAMICETTA
COLLANA
SCIARPA
GUANTI
JEANS
GONNA
CAPPOTTO
MODA
PANTALONI
MAGLIONE
PIGIAMA
ABITO
SANDALI
GREMBIULE
GIACCA

36 - Méditation

C	O	R	U	B	L	L	K	E	X	M	A	N	P
O	S	E	O	A	F	Q	E	N	K	R	C	X	R
M	S	S	P	R	J	H	L	I	G	Y	C	G	O
P	E	P	A	B	A	Z	A	D	U	R	E	E	S
A	R	I	Z	P	O	S	T	U	R	A	T	N	P
S	V	R	Z	J	W	L	N	T	M	S	T	T	E
S	A	A	E	P	D	F	E	I	U	V	A	I	T
I	Z	Z	R	A	O	I	M	T	S	E	Z	L	T
O	I	I	A	C	R	J	J	A	I	G	I	E	I
N	O	O	I	E	S	U	N	R	C	L	O	Z	V
E	N	N	H	L	Q	G	T	G	A	I	N	Z	A
I	E	E	C	A	L	M	A	A	T	O	E	A	S
R	Z	Z	M	O	V	I	M	E	N	T	O	A	B
Y	E	A	T	T	E	N	Z	I	O	N	E	H	W

ACCETTAZIONE
ATTENZIONE
CALMA
CHIAREZZA
COMPASSIONE
SVEGLIO
GENTILEZZA
GRATITUDINE
MENTALE
MOVIMENTO
MUSICA
NATURA
OSSERVAZIONE
PACE
PROSPETTIVA
POSTURA
RESPIRAZIONE

37 - Littérature

A	N	A	L	I	S	I	D	L	K	A	R	X	F
W	W	H	D	P	A	I	F	A	R	G	O	I	B
P	O	E	S	I	A	M	I	R	T	L	M	C	A
C	O	N	C	L	U	S	I	O	N	E	A	O	X
T	E	K	A	R	P	B	Y	A	K	T	N	N	F
R	R	A	H	O	G	O	L	A	I	D	Z	F	I
A	O	I	D	J	F	T	E	T	H	N	O	R	N
G	T	G	T	Q	E	O	O	T	E	Z	O	O	Z
E	A	O	X	M	R	D	F	O	I	M	B	N	I
D	R	L	R	E	O	D	U	O	Z	C	A	T	O
I	R	A	J	D	T	E	T	W	O	J	O	O	N
A	A	N	R	T	U	N	S	T	I	L	E	X	E
P	N	A	B	P	A	A	R	O	F	A	T	E	M
B	J	D	E	S	C	R	I	Z	I	O	N	E	R

ANALOGIA
ANALISI
ANEDDOTO
AUTORE
BIOGRAFIA
CONFRONTO
CONCLUSIONE
DESCRIZIONE
DIALOGO
FINZIONE
METAFORA
NARRATORE
POESIA
POETICO
RIMA
ROMANZO
RITMO
STILE
TEMA
TRAGEDIA

38 - Nourriture #1

C	A	F	F	È	Q	W	S	T	O	N	N	O	M
O	O	R	E	H	C	C	U	Z	C	F	I	L	I
P	M	E	O	F	G	K	C	H	A	R	Z	S	N
I	E	N	O	M	I	L	C	K	R	A	O	P	E
Q	L	R	M	G	M	K	O	D	O	G	R	I	S
Q	R	A	A	B	C	M	T	I	T	O	Z	N	T
P	G	C	I	R	A	P	A	R	A	L	O	A	R
M	H	J	G	N	A	S	I	P	D	A	I	C	A
A	G	L	I	O	S	U	I	Q	C	C	O	I	N
T	S	A	L	E	Z	A	O	L	S	D	F	T	R
M	Q	A	H	P	Q	R	L	I	I	I	Z	Y	H
W	C	I	P	O	L	L	A	A	F	C	K	K	K
L	A	T	T	E	E	H	P	D	T	Y	O	R	K
A	C	A	N	N	E	L	L	A	B	A	C	S	B

AGLIO
BASILICO
CAFFÈ
CANNELLA
CAROTA
LIMONE
SPINACI
FRAGOLA
SUCCO
LATTE
RAPA
CIPOLLA
ORZO
PERA
INSALATA
SALE
MINESTRA
ZUCCHERO
TONNO
CARNE

39 - Jours et Mois

M	M	E	R	C	O	L	E	D	Ì	M	Y	I	N
A	O	S	V	E	N	E	R	D	Ì	E	L	E	J
R	L	E	U	E	R	B	M	E	V	O	N	G	A
Z	Q	M	Z	O	I	R	A	D	N	E	L	A	C
O	N	G	U	I	G	S	R	A	T	W	J	X	L
O	T	T	O	B	R	E	T	H	R	B	Z	D	U
K	T	K	A	C	I	N	E	M	O	D	W	A	G
B	N	S	I	Y	J	Ì	D	E	V	O	I	G	L
Y	R	O	O	M	M	L	Ì	D	E	N	U	L	I
E	L	M	I	G	S	A	B	A	T	O	U	L	O
L	M	K	U	G	A	F	E	B	B	R	A	I	O
S	E	T	T	E	M	B	R	E	L	I	R	P	A
S	E	T	T	I	M	A	N	A	Y	F	D	D	Z
O	Y	F	N	H	G	E	N	N	A	I	O	E	J

AGOSTO
APRILE
CALENDARIO
DOMENICA
FEBBRAIO
GENNAIO
GIOVEDÌ
LUGLIO
GIUGNO
LUNEDÌ
MARTEDÌ
MARZO
MERCOLEDÌ
MESE
NOVEMBRE
OTTOBRE
SABATO
SETTIMANA
SETTEMBRE
VENERDÌ

40 - Jardinage

T	W	U	F	F	L	O	R	E	A	L	E	I	U
U	X	I	A	I	L	G	O	F	I	S	M	A	M
B	K	I	A	M	Q	M	H	S	D	P	C	C	I
O	E	R	O	T	I	N	E	T	N	O	C	Q	D
J	Y	F	Z	F	P	L	P	Y	F	R	L	U	I
Z	A	E	Z	B	Z	S	C	K	L	C	F	A	T
C	G	N	A	Q	M	O	C	I	T	O	S	E	À
O	M	J	M	B	O	T	A	N	I	C	O	P	J
M	F	I	O	R	I	R	E	I	C	E	P	S	D
P	C	O	M	M	E	S	T	I	B	I	L	E	J
O	S	T	B	S	T	A	G	I	O	N	A	L	E
S	E	M	A	I	L	G	O	F	S	U	O	L	O
T	M	F	R	U	T	T	E	T	O	H	M	Q	U
W	I	M	S	W	B	N	Y	O	N	H	I	Q	T

BOTANICO
MAZZO
CLIMA
COMMESTIBILE
COMPOST
ACQUA
SPECIE
ESOTICO
FOGLIAME
FOGLIA
FIORIRE
FLOREALE
SEMI
UMIDITÀ
CONTENITORE
STAGIONALE
SPORCO
SUOLO
TUBO
FRUTTETO

41 - Entreprise

D	T	P	R	O	F	I	T	T	O	D	R	U	O
M	I	A	F	Y	A	E	L	R	D	I	E	F	O
Z	L	P	S	X	S	C	O	N	T	O	D	F	Y
J	S	V	E	S	O	R	I	T	J	Y	D	I	S
N	O	E	A	N	E	E	G	R	C	T	I	C	Z
E	C	N	I	J	D	M	S	Z	B	E	T	I	J
G	I	D	M	N	E	E	O	I	M	B	O	O	D
O	E	I	O	E	G	D	N	K	S	W	A	T	F
Z	T	T	N	J	N	B	R	T	T	Q	O	F	I
I	À	A	O	T	S	O	C	I	E	A	N	S	N
O	O	I	C	N	A	L	I	B	M	O	X	O	A
I	N	V	E	S	T	I	M	E	N	T	O	L	N
R	G	J	I	O	V	A	L	U	T	A	Q	D	Z
I	X	C	A	R	R	I	E	R	A	J	T	I	A

SOLDI
NEGOZIO
BILANCIO
UFFICIO
CARRIERA
COSTO
VALUTA
DIPENDENTE
SOCIETÀ
ECONOMIA
FINANZA
TASSE
INVESTIMENTO
MERCE
PROFITTO
REDDITO
SCONTO
FABBRICA
VENDITA

42 - Activités

I	D	T	U	C	A	M	P	E	G	G	I	O	A
Q	N	C	E	R	A	M	I	C	A	T	F	Y	T
C	T	T	P	I	T	T	U	R	A	E	A	S	T
C	S	E	E	A	N	R	D	O	F	M	B	B	I
W	G	H	R	R	G	M	P	T	O	P	I	X	V
O	M	S	E	U	E	T	R	A	T	O	L	G	I
E	E	P	C	T	R	S	W	N	O	L	I	I	T
M	N	H	A	T	I	B	S	A	G	I	T	O	À
Q	A	G	I	E	C	U	S	I	R	B	À	C	E
L	G	G	P	L	U	U	X	G	A	E	Z	H	Y
L	D	C	I	J	C	E	M	I	F	R	P	I	P
J	G	A	O	A	M	O	B	T	I	O	P	U	Y
O	I	G	G	A	N	I	D	R	A	I	G	X	H
C	A	C	C	I	A	J	Q	A	C	S	E	P	Z

ATTIVITÀ
ARTE
ARTIGIANATO
CAMPEGGIO
CERAMICA
CACCIA
ABILITÀ
CUCIRE
INTERESSI
GIARDINAGGIO
GIOCHI
LETTURA
TEMPO LIBERO
MAGIA
PITTURA
PESCA
FOTOGRAFIA
PIACERE

43 - Mode

B	P	R	A	T	I	C	O	R	L	G	X	B	W
O	R	I	G	I	N	A	L	E	I	O	Z	L	S
T	E	N	D	E	N	Z	A	W	C	C	O	D	Y
T	Y	W	E	U	Q	I	T	U	O	B	A	A	N
E	L	I	T	S	D	G	W	W	N	N	H	M	K
S	O	T	A	C	I	T	S	I	F	O	S	A	O
S	H	N	Y	X	K	C	D	S	O	A	E	R	K
U	F	A	R	L	B	Y	Y	E	R	G	T	T	Z
T	B	S	O	E	N	D	B	M	T	J	N	B	J
O	O	L	L	E	D	O	M	P	E	C	A	R	O
H	N	U	E	M	E	O	J	L	V	Y	G	Q	G
X	L	P	E	K	I	D	M	I	O	O	E	Y	S
M	O	D	E	S	T	O	C	C	L	D	L	I	M
P	I	Z	Z	O	W	T	I	E	E	A	E	D	H

BOUTIQUE
PULSANTI
RICAMO
CARO
CONFORTEVOLE
PIZZO
ELEGANTE
MODERNO
MODESTO
MODELLO
ORIGINALE
PRATICO
SEMPLICE
SOFISTICATO
STILE
TENDENZA
TRAMA
TESSUTO

44 - Fleurs

S	N	G	K	M	Y	U	H	N	H	L	Q	N	T
R	A	A	E	A	E	D	I	H	C	R	O	A	W
H	D	R	F	R	L	W	A	I	T	A	S	O	R
D	N	D	S	G	E	L	O	S	A	R	I	G	U
R	A	E	M	H	X	T	I	K	M	A	C	O	B
L	V	N	W	E	C	W	A	L	H	S	R	S	H
P	A	I	O	R	E	V	A	P	A	P	A	Q	Q
P	L	A	O	I	L	G	I	G	T	A	N	W	X
I	E	U	B	T	T	R	I	F	O	G	L	I	O
B	S	O	M	A	G	E	L	S	O	M	I	N	O
I	T	Z	N	E	T	U	L	I	P	A	N	O	I
S	Y	Z	Z	I	R	D	X	E	P	G	N	D	S
C	H	A	F	R	A	I	L	O	N	G	A	M	J
O	U	M	F	T	O	L	A	T	E	P	X	H	F

MAZZO
GARDENIA
IBISCO
GELSOMINO
NARCISO
LAVANDA
LILLA
GIGLIO
MAGNOLIA
MARGHERITA
ORCHIDEA
PAPAVERO
PETALO
PEONIA
PLUMERIA
ROSA
GIRASOLE
TRIFOGLIO
TULIPANO

45 - Nourriture #2

Z	I	I	H	Y	O	Z	Z	I	Z	Y	G	Q	E
M	M	B	B	G	T	C	Z	X	B	J	Q	Y	D
N	C	A	C	I	O	C	C	O	L	A	T	O	W
K	G	L	N	F	C	I	K	N	P	N	H	T	L
U	Q	E	B	D	U	U	R	A	E	A	B	T	P
E	V	M	R	A	O	N	L	R	S	N	A	U	A
T	N	A	O	L	G	R	G	G	C	A	N	I	N
Y	W	K	C	P	N	Y	L	O	E	B	A	C	E
H	T	A	C	U	A	R	R	A	J	W	Z	S	S
O	L	L	O	P	M	K	I	W	I	K	N	O	E
T	O	I	L	C	I	L	I	E	G	I	A	R	D
J	H	M	O	V	O	U	X	L	D	G	L	P	A
P	O	M	O	D	O	R	O	K	H	J	E	N	N
E	X	E	U	D	L	H	R	I	S	O	M	L	O

MANDORLA
MELANZANA
BANANA
GRANO
BROCCOLO
CILIEGIA
SEDANO
FUNGO
CIOCCOLATO
PROSCIUTTO

KIWI
MANGO
UOVO
PANE
PESCE
MELA
POLLO
UVA
RISO
POMODORO

46 - Algèbre

P	P	R	O	B	L	E	M	A	T	H	N	Q	L
G	A	V	A	R	I	A	B	I	L	E	U	U	I
D	R	R	D	I	A	G	R	A	M	M	A	A	N
S	I	A	E	C	I	R	T	A	M	F	L	N	E
M	P	S	F	N	D	E	X	T	L	A	U	T	A
E	F	E	T	I	T	O	R	U	Z	L	M	I	R
R	Q	I	W	O	C	E	A	J	A	S	R	T	E
O	G	U	Q	R	C	O	S	Z	O	O	O	À	T
T	F	F	A	E	B	Z	N	I	F	Q	F	A	E
T	Y	F	Y	Z	S	O	L	U	Z	I	O	N	E
A	X	E	N	O	I	Z	A	R	T	T	O	S	F
F	J	H	N	H	S	O	T	I	N	I	F	N	I
X	G	O	R	E	M	U	N	P	S	Z	L	U	X
F	R	A	Z	I	O	N	E	E	D	F	E	T	T

DIAGRAMMA
EQUAZIONE
FATTORE
FALSO
FORMULA
FRAZIONE
GRAFICO
INFINITO
LINEARE
MATRICE
NUMERO
PARENTESI
PROBLEMA
QUANTITÀ
SOLUZIONE
SOTTRAZIONE
VARIABILE
ZERO

47 - Océan

A	S	E	J	N	U	S	F	R	L	Q	G	F	L
T	N	P	L	U	R	T	A	N	E	L	A	B	E
S	S	G	U	W	T	C	P	P	E	S	C	E	A
E	T	Q	U	G	Q	E	O	L	L	A	R	O	C
P	O	X	U	I	N	H	L	F	U	M	A	T	I
M	N	J	I	A	L	A	P	P	M	A	B	T	R
E	N	S	B	H	L	L	O	Z	E	R	B	E	T
T	O	O	N	D	E	O	A	U	D	E	D	R	S
N	Q	D	E	L	F	I	N	O	U	E	A	E	O
T	A	R	T	A	R	U	G	A	S	L	U	B	A
S	C	O	G	L	I	E	R	A	A	A	U	M	Y
N	M	G	S	O	F	T	E	T	L	S	O	A	S
A	K	K	X	Y	O	I	H	C	N	A	R	G	I
G	P	R	S	M	W	J	W	K	U	O	W	N	C

ANGUILLA
BALENA
BARCA
CORALLO
GRANCHIO
GAMBERETTO
DELFINO
SPUGNA
OSTRICA
MAREE
MEDUSA
PESCE
POLPO
SQUALO
SCOGLIERA
SALE
TEMPESTA
TONNO
TARTARUGA
ONDE

48 - Remplir

B	U	S	T	A	U	M	L	C	B	B	Z	T	C
V	N	T	B	E	N	O	T	R	A	C	Y	U	B
A	H	P	N	I	S	L	Y	B	X	S	Z	B	A
S	M	Z	O	T	T	E	S	S	A	C	S	O	R
O	C	X	Q	S	F	H	C	J	K	W	B	A	I
J	R	X	F	K	O	I	O	C	A	M	G	C	L
F	E	I	M	X	T	Q	I	O	H	X	G	S	E
A	I	L	G	I	T	T	O	B	X	I	I	A	U
L	R	Y	C	T	E	O	S	H	F	M	O	V	J
O	T	S	E	C	H	N	S	Z	B	P	B	M	Y
T	X	D	O	U	C	I	A	I	G	I	L	A	V
A	K	B	U	P	C	C	V	V	T	A	S	C	A
C	N	E	A	U	A	A	L	L	E	T	R	A	C
S	I	U	L	F	P	B	B	O	R	S	A	N	W

VASCA
BARILE
BACINO
SCATOLA
BOTTIGLIA
CASSA
CARTONE
CARTELLA
BUSTA
NAVE
CESTO
PACCHETTO
VASSOIO
TASCA
BORSA
SECCHIO
CASSETTO
TUBO
VALIGIA
VASO

49 - Antiquités

A	M	O	V	I	T	A	R	O	C	E	D	G	M
U	O	L	A	S	C	U	L	T	U	R	A	A	S
T	N	O	L	À	V	E	C	C	H	I	O	L	O
E	E	C	O	T	I	L	O	S	N	I	S	L	T
N	T	E	R	I	D	I	P	I	N	T	I	E	N
T	E	S	E	L	L	M	N	K	A	L	Y	R	E
I	X	U	L	A	G	I	Y	G	D	H	K	I	M
C	Q	R	I	U	I	K	B	I	U	W	Q	A	I
O	Y	H	T	Q	O	D	X	O	B	G	R	E	T
Q	A	T	S	A	I	E	P	D	M	Y	X	O	S
Z	Z	Z	A	X	E	E	L	E	G	A	N	T	E
T	M	G	R	J	L	P	R	E	Z	Z	O	D	V
S	Z	X	T	X	L	A	Y	C	T	P	H	U	N
S	Y	Q	E	E	O	R	U	A	T	S	E	R	I

ARTE
AUTENTICO
GIOIELLO
DECORATIVO
ASTA
ELEGANTE
GALLERIA
INSOLITO
INVESTIMENTO
MOBILIO
DIPINTI
MONETE
PREZZO
QUALITÀ
RESTAURO
SCULTURA
SECOLO
STILE
VALORE
VECCHIO

50 - Ballet

D	H	G	À	T	I	S	N	E	T	N	I	I	D
E	R	O	T	I	S	O	P	M	O	C	R	Z	A
S	H	P	I	E	I	F	F	A	O	G	N	L	V
P	A	U	L	G	L	A	P	P	L	A	U	S	O
R	S	B	I	E	O	I	L	M	A	R	Q	T	R
E	S	B	B	S	C	B	T	U	R	T	A	E	P
S	O	L	A	T	S	G	S	S	T	S	R	C	S
S	L	I	J	O	U	S	O	I	I	E	I	N	B
I	O	C	E	E	M	B	N	C	S	H	T	I	Y
V	A	O	Z	P	S	Y	M	A	T	C	M	C	Q
O	G	R	A	Z	I	O	S	O	I	R	O	A	Q
B	A	L	L	E	R	I	N	A	C	O	S	T	O
B	A	L	L	E	R	I	N	I	O	C	W	Q	I
C	O	R	E	O	G	R	A	F	I	A	S	N	Q

APPLAUSO
ARTISTICO
BALLERINA
COREOGRAFIA
ABILITÀ
COMPOSITORE
BALLERINI
ESPRESSIVO
GESTO
GRAZIOSO
INTENSITÀ
MUSCOLI
MUSICA
ORCHESTRA
PUBBLICO
PROVA
RITMO
ASSOLO
STILE
TECNICA

51 - Fruit

A	A	C	C	O	C	I	B	L	A	N	G	B	G
I	N	U	B	U	I	B	K	A	V	E	Y	A	M
K	I	W	I	S	E	Y	J	A	U	X	K	N	U
F	R	X	G	J	Y	N	K	L	U	C	Y	A	P
A	A	A	B	U	A	V	O	C	A	D	O	N	E
C	T	C	S	A	A	S	M	M	I	X	C	A	S
P	T	R	S	O	L	V	K	A	I	Z	I	I	C
J	E	T	A	I	A	P	A	P	N	L	F	G	A
W	N	R	N	X	M	B	C	M	A	G	Z	E	R
U	N	H	A	P	P	X	C	G	W	W	O	I	K
K	P	A	N	D	O	F	A	T	W	X	I	L	Y
A	E	H	A	E	N	N	B	A	M	M	B	I	L
G	R	E	A	L	E	M	E	L	O	N	E	C	C
X	A	W	P	A	R	A	N	C	I	A	F	L	C

ALBICOCCA
ANANAS
AVOCADO
BACCA
BANANA
CILIEGIA
LIMONE
FICO
LAMPONE
GUAVA
KIWI
MANGO
MELONE
NETTARINA
ARANCIA
PAPAIA
PESCA
PERA
MELA
UVA

52 - Musique

R	H	S	H	Z	O	C	I	M	T	I	R	V	C
E	O	T	T	Z	M	T	A	K	N	Y	Z	O	A
G	J	R	B	N	A	O	R	N	P	P	Z	C	N
I	Z	U	O	D	K	P	E	B	T	J	K	A	T
S	G	M	U	B	L	A	P	Y	X	A	L	L	A
T	R	E	H	O	O	X	O	U	Q	I	N	E	R
R	O	N	O	F	O	R	C	I	M	D	A	T	E
A	P	T	A	R	M	O	N	I	A	O	R	B	E
Z	M	O	C	I	T	E	O	P	T	L	M	P	Q
I	E	I	S	Z	I	C	R	Q	A	E	O	Z	Y
O	T	M	L	D	R	O	J	E	L	M	N	I	U
N	L	I	R	I	C	O	C	O	L	K	I	R	F
E	L	A	C	I	S	U	M	Q	A	S	C	L	C
M	U	S	I	C	I	S	T	A	B	I	O	R	I

ALBUM
BALLATA
CANTARE
CANTANTE
REGISTRAZIONE
ARMONIA
ARMONICO
STRUMENTO
LIRICO
MELODIA
MICROFONO
MUSICALE
MUSICISTA
OPERA
POETICO
RITMO
RITMICO
TEMPO
VOCALE

53 - L'Entreprise

D	E	C	I	S	I	O	N	E	G	M	U	D	P
I	N	N	O	V	A	T	I	V	O	J	K	L	O
R	I	S	O	R	S	E	L	A	B	O	L	G	S
P	R	O	F	E	S	S	I	O	N	A	L	E	S
A	O	V	I	T	A	E	R	C	X	L	L	P	I
E	S	O	C	C	U	P	A	Z	I	O	N	E	B
L	S	B	G	P	Y	M	X	T	Q	R	R	X	I
E	E	S	A	L	A	R	I	E	U	E	I	G	L
P	R	O	D	O	T	T	O	N	A	D	S	S	I
W	G	U	N	I	T	À	B	D	L	D	C	D	T
F	O	J	C	N	L	P	C	E	I	I	H	Z	À
R	R	C	R	X	D	K	W	N	T	T	I	Y	W
U	P	Y	B	Y	Y	N	H	Z	À	O	U	Y	O
E	N	O	I	Z	A	T	N	E	S	E	R	P	Z

CREATIVO
DECISIONE
OCCUPAZIONE
GLOBALE
INNOVATIVO
POSSIBILITÀ
PRESENTAZIONE
PRODOTTO
PROFESSIONALE
PROGRESSO
QUALITÀ
RISORSE
REDDITO
RISCHI
SALARI
TENDENZE
UNITÀ

54 - Gouvernement

I	L	E	G	G	E	C	I	F	M	H	U	N	K
P	N	C	A	I	Z	I	T	S	U	I	G	A	U
L	O	D	A	N	U	V	S	C	S	T	U	Z	D
H	I	L	I	Y	Q	I	T	P	I	T	A	I	I
J	L	B	I	P	S	L	A	B	M	I	G	O	S
E	Y	T	E	T	E	E	T	B	B	R	L	N	C
Y	N	G	E	R	I	N	O	C	O	I	I	A	U
O	E	E	N	Z	T	C	D	W	L	D	A	L	S
D	O	H	P	L	M	À	A	E	O	L	N	E	S
M	O	N	U	M	E	N	T	O	N	T	Z	S	I
H	T	E	O	B	N	E	N	O	I	Z	A	N	O
D	I	S	C	O	R	S	O	S	I	D	A	M	N
C	I	T	T	A	D	I	N	A	N	Z	A	R	E
W	T	Q	U	A	R	T	I	E	R	E	A	E	M

CITTADINANZA
CIVILE
DISCORSO
DISCUSSIONE
QUARTIERE
DIRITTI
UGUAGLIANZA
STATO
INDIPENDENZA
GIUSTIZIA
LIBERTÀ
LEGGE
MONUMENTO
NAZIONE
NAZIONALE
POLITICA
SIMBOLO

55 - Randonnée

S	S	W	L	Q	M	O	M	S	P	M	P	C	C
N	T	G	N	W	Z	R	O	E	D	E	R	A	L
N	R	A	G	W	R	I	N	L	U	R	E	M	I
O	A	H	N	D	K	E	T	V	N	T	P	P	M
R	D	T	Y	C	A	N	A	A	N	E	A	E	A
Y	B	T	U	D	O	T	G	G	S	I	R	G	S
M	N	C	L	R	Z	A	N	G	C	P	A	G	T
Z	E	A	P	P	A	M	A	I	O	E	Z	I	I
H	L	T	L	T	S	E	U	O	G	S	I	O	V
E	O	F	E	M	E	N	Q	F	L	A	O	M	A
B	S	M	M	O	D	T	C	G	I	N	N	A	L
P	A	R	C	H	I	O	A	P	E	T	E	G	I
H	Z	F	S	I	U	N	E	M	R	E	F	Z	S
R	L	I	N	Q	G	F	I	L	A	M	I	N	A

ANIMALI
STIVALI
CAMPEGGIO
MAPPA
CLIMA
ACQUA
SCOGLIERA
STANCO
GUIDE
PESANTE
METEO
MONTAGNA
NATURA
ORIENTAMENTO
PARCHI
PIETRE
PREPARAZIONE
SELVAGGIO
SOLE

56 - Art

S	I	E	L	A	N	O	S	R	E	P	B	F	C
U	S	S	R	I	T	R	A	R	R	E	D	C	R
R	P	P	S	E	M	P	L	I	C	E	W	E	E
R	I	R	D	I	P	I	N	T	I	W	Q	R	A
E	R	E	L	A	N	I	G	I	R	O	G	A	R
A	A	S	C	O	M	P	L	E	S	S	O	M	E
L	T	S	U	M	O	R	E	P	I	C	K	I	B
I	O	I	O	S	W	Y	R	J	O	W	C	C	N
S	V	O	T	T	E	G	G	O	S	E	R	A	X
M	I	N	T	A	R	U	T	L	U	C	S	N	F
O	S	E	G	S	W	C	H	A	R	U	G	I	F
A	I	O	B	F	E	S	I	M	B	O	L	O	A
D	V	E	D	U	D	N	R	K	J	R	N	W	K
E	N	O	I	Z	I	S	O	P	M	O	C	L	A

CERAMICA
COMPLESSO
COMPOSIZIONE
CREARE
RITRARRE
ESPRESSIONE
FIGURA
ONESTO
UMORE
ISPIRATO
ORIGINALE
DIPINTI
PERSONALE
POESIA
SCULTURA
SEMPLICE
SOGGETTO
SURREALISMO
SIMBOLO
VISIVO

57 - Nutrition

D	A	G	U	S	T	O	R	B	U	Q	K	C	I
I	P	V	I	T	A	M	I	N	A	U	J	O	U
G	P	F	G	G	E	I	R	O	L	A	C	M	O
E	E	O	R	A	M	A	X	M	J	L	E	M	P
S	T	S	T	N	I	C	C	J	T	I	Z	E	X
T	I	E	L	A	E	I	D	U	N	T	P	S	Z
I	T	P	W	N	I	S	A	N	O	À	L	T	B
O	O	R	Q	I	Z	C	I	D	I	U	Q	I	L
N	N	X	D	S	E	T	N	G	R	P	S	B	Z
E	A	L	Z	S	P	S	S	A	L	S	A	I	D
M	J	A	M	O	S	E	M	G	L	E	K	L	I
O	A	M	W	T	R	T	F	R	R	I	L	E	E
C	A	R	B	O	I	D	R	A	T	I	B	G	T
S	A	L	U	T	E	N	I	E	T	O	R	P	A

AMARO
APPETITO
CALORIE
COMMESTIBILE
DIETA
DIGESTIONE
SPEZIE
BILANCIATO
CARBOIDRATI
LIQUIDI
PESO
PROTEINE
QUALITÀ
SANO
SALUTE
SALSA
GUSTO
TOSSINA
VITAMINA

58 - Créativité

I	I	M	M	A	G	I	N	A	Z	I	O	N	E
N	S	F	L	U	I	D	I	T	À	N	I	I	T
O	A	P	T	A	M	L	C	W	T	O	N	N	I
I	E	N	I	G	A	M	M	I	I	I	T	V	M
S	N	G	T	R	P	I	S	E	L	Z	E	E	C
I	O	I	U	O	A	H	R	I	A	O	N	N	A
V	I	D	D	U	S	Z	X	I	T	M	S	T	Z
Y	S	A	L	E	Y	K	I	I	I	E	I	I	Z
B	S	M	P	J	E	N	D	O	V	A	T	V	E
F	E	N	O	I	Z	I	U	T	N	I	À	O	R
I	R	Z	À	T	I	C	I	T	N	E	T	U	A
P	P	S	E	N	S	A	Z	I	O	N	E	G	I
U	S	N	H	T	G	A	B	I	L	I	T	À	H
H	E	D	R	A	M	M	A	T	I	C	O	B	C

AUTENTICITÀ
CHIAREZZA
ABILITÀ
DRAMMATICO
ESPRESSIONE
EMOZIONI
FLUIDITÀ
IDEE
IMMAGINE
IMMAGINAZIONE
ISPIRAZIONE
INTENSITÀ
INTUIZIONE
INVENTIVO
SENSAZIONE
VISIONI
VITALITÀ

59 - Science Fiction

R	I	E	F	X	J	B	B	O	Y	T	F	C	I
E	M	S	U	W	D	C	U	R	R	E	A	U	L
A	M	T	T	O	B	O	R	A	Z	C	N	N	L
L	A	R	U	F	Z	Z	S	C	R	N	T	E	U
I	G	E	R	S	U	J	J	O	M	O	A	S	S
S	I	M	I	L	C	O	M	L	O	L	S	P	I
T	N	O	S	X	I	E	C	O	N	O	T	L	O
I	A	D	T	N	C	B	N	O	D	G	I	O	N
C	R	C	I	J	K	O	R	A	O	I	C	S	E
O	I	I	C	U	Y	L	T	I	R	A	O	I	O
E	O	N	O	C	I	M	O	T	A	I	Q	O	K
E	J	E	G	A	L	A	S	S	I	A	O	N	R
X	Q	M	P	I	A	N	E	T	A	U	O	E	F
O	L	A	D	M	I	S	T	E	R	I	O	S	O

ATOMICO
CINEMA
ESPLOSIONE
ESTREMO
FANTASTICO
FUOCO
FUTURISTICO
GALASSIA
ILLUSIONE
IMMAGINARIO
LIBRI
MONDO
MISTERIOSO
ORACOLO
PIANETA
REALISTICO
ROBOT
SCENARIO
TECNOLOGIA

60 - Professions #1

S	P	S	I	C	O	L	O	G	O	O	C	Y	G
C	O	F	A	R	G	O	T	R	A	C	K	G	E
I	A	R	E	I	M	R	E	F	N	I	Q	I	O
E	T	O	Z	P	U	E	I	N	X	L	K	O	L
N	S	I	J	T	B	D	A	W	J	U	Q	I	O
Z	I	Y	E	R	E	I	H	C	N	A	B	E	G
I	C	I	J	J	E	T	J	P	Z	R	B	L	O
A	I	O	T	A	C	O	V	V	A	D	B	L	C
T	S	S	B	B	S	R	X	M	Z	I	B	I	I
O	U	I	U	E	R	E	I	P	M	O	P	E	D
A	M	B	A	S	C	I	A	T	O	R	E	R	E
Y	P	I	A	N	I	S	T	A	Y	F	Y	E	M
B	A	L	L	E	R	I	N	O	N	S	R	J	R
A	S	T	R	O	N	O	M	O	S	K	P	Q	P

AMBASCIATORE
ASTRONOMO
AVVOCATO
BANCHIERE
GIOIELLIERE
CARTOGRAFO
BALLERINO
EDITORE
GEOLOGO
INFERMIERA
MEDICO
MUSICISTA
PIANISTA
IDRAULICO
POMPIERE
PSICOLOGO
SCIENZIATO

61 - Géologie

Q	E	G	N	B	E	N	O	I	S	O	R	E	C
S	Y	N	H	S	P	T	M	D	W	N	Q	T	O
M	K	H	A	K	A	N	R	E	V	A	C	N	R
H	I	W	A	C	I	D	O	F	Z	C	J	E	A
S	B	N	O	N	A	I	P	O	T	L	A	N	L
S	T	R	E	S	Y	E	G	S	I	U	V	I	L
T	G	A	K	R	S	M	M	S	G	V	A	T	O
R	P	I	L	L	A	T	S	I	R	C	L	N	I
A	Q	I	N	A	X	L	J	L	F	U	S	O	C
T	U	S	E	Z	T	U	I	E	F	P	F	C	L
O	A	O	S	T	R	T	Q	Z	O	N	A	X	A
P	R	P	U	P	R	Q	I	C	S	U	F	Q	C
B	Z	H	J	H	G	A	T	T	X	N	R	Q	H
O	O	K	N	N	M	K	K	T	E	L	A	S	E

ACIDO
CALCIO
CAVERNA
CONTINENTE
CORALLO
STRATO
CRISTALLI
EROSIONE
FUSO
FOSSILE
GEYSER
LAVA
MINERALI
PIETRA
ALTOPIANO
QUARZO
SALE
STALATTITE
VULCANO
ZONA

62 - Cirque

S	P	E	T	T	A	C	O	L	A	R	E	C	M
A	L	E	L	E	F	A	N	T	E	T	R	O	P
C	E	R	E	I	L	O	C	O	I	G	L	S	A
R	O	B	R	K	K	G	E	P	F	S	T	T	L
O	N	I	O	R	G	A	T	A	R	A	P	U	L
B	E	G	T	Q	F	M	X	D	E	E	O	M	O
A	M	L	A	G	K	C	L	N	K	Y	K	E	N
T	O	I	T	S	T	E	S	E	Q	W	W	C	C
A	S	E	T	C	C	R	N	T	F	J	F	I	I
C	T	T	E	L	M	I	L	A	M	I	N	A	N
I	R	T	P	O	A	G	M	T	I	G	R	E	I
S	A	O	S	W	G	P	K	M	J	C	Z	L	O
U	R	H	D	N	I	A	N	W	I	C	O	G	T
M	E	H	D	D	A	A	B	A	U	A	K	S	T

ACROBATA
ANIMALI
PALLONCINI
BIGLIETTO
CLOWN
COSTUME
ELEFANTE
GIOCOLIERE
LEONE
MAGO
MAGIA
MOSTRARE
MUSICA
PARATA
SCIMMIA
SPETTACOLARE
SPETTATORE
TENDA
TIGRE

63 - Jardin

S	H	A	A	K	E	R	B	A	C	C	E	R	T
U	N	N	N	B	K	L	B	K	O	B	Z	E	R
O	N	R	F	E	R	B	A	C	N	A	P	C	A
L	O	N	I	D	R	A	I	G	J	J	Y	I	M
O	T	T	O	T	E	T	T	U	R	F	Q	N	P
B	A	O	R	Z	T	S	A	L	A	P	Z	T	O
U	R	L	E	O	B	E	T	L	M	C	J	O	L
T	P	L	Z	O	L	J	R	A	B	R	T	H	I
Z	X	E	G	A	R	A	G	R	G	E	P	X	N
S	N	R	Y	Q	Q	M	Y	Q	A	N	R	J	O
K	G	T	A	Z	T	O	J	Z	C	Z	O	O	Z
C	E	S	P	U	G	L	I	O	A	L	Z	U	E
G	A	A	G	I	E	I	W	U	M	X	Y	A	Z
L	X	R	V	I	T	E	G	U	A	A	S	S	M

ALBERO
PANCA
CESPUGLIO
RECINTO
STAGNO
FIORE
GARAGE
AMACA
ERBA
GIARDINO
ERBACCE
PALA
PRATO
RASTRELLO
SUOLO
TERRAZZA
TRAMPOLINO
TUBO
FRUTTETO
VITE

64 - Santé et Bien Être #1

C	Z	L	G	J	O	U	A	S	S	O	A	X	F
M	L	Q	A	Z	A	F	B	U	O	S	L	P	A
H	U	I	A	H	M	Y	I	F	A	S	T	O	R
X	D	S	N	C	E	O	T	J	W	E	E	S	M
I	A	E	C	I	U	B	U	G	P	L	Z	T	A
R	N	H	D	O	C	I	D	E	M	F	Z	U	C
E	Y	E	A	V	L	A	I	S	Z	I	A	R	I
T	A	T	A	I	Z	I	N	Z	L	R	E	A	A
T	E	G	F	T	R	D	E	Q	T	S	M	H	Q
A	L	R	O	T	N	E	M	A	T	T	A	R	T
B	L	M	A	A	R	U	T	T	A	R	F	N	W
W	E	Y	Y	P	M	E	D	I	C	I	N	A	F
X	P	E	L	L	I	L	E	S	I	O	N	E	Y
O	R	M	O	N	I	A	V	I	R	U	S	W	Z

ATTIVO
BATTERI
LESIONE
CLINICA
FAME
FRATTURA
ABITUDINE
ALTEZZA
ORMONI
MEDICO
MEDICINA
MUSCOLI
OSSA
PELLE
FARMACIA
POSTURA
RIFLESSO
TERAPIA
TRATTAMENTO
VIRUS

65 - Barbecues

C	E	K	Y	R	F	V	E	R	D	U	R	E	Y
O	I	Q	B	S	O	A	N	E	C	O	Y	R	Z
L	W	U	G	Q	H	C	M	S	B	D	M	A	X
T	A	M	D	E	O	I	I	I	H	C	O	I	G
E	E	T	A	L	A	S	N	I	G	F	Q	L	E
L	A	H	T	L	G	U	I	L	T	L	H	L	S
L	Q	W	T	O	R	M	B	E	R	J	I	O	T
I	R	L	U	P	I	Y	M	O	D	G	H	A	A
P	O	H	R	I	G	S	A	L	E	M	U	G	T
R	S	J	F	C	L	H	B	L	Y	Z	X	Q	E
A	R	A	R	K	I	N	X	O	P	X	F	A	Y
N	A	X	L	A	A	H	O	P	R	E	X	X	H
Z	R	C	H	S	F	A	M	E	E	B	P	N	G
O	E	R	O	B	A	C	A	L	D	O	N	E	B

CALDO
COLTELLI
PRANZO
CENA
BAMBINI
ESTATE
FAME
FAMIGLIA
FRUTTA
GRIGLIA

GIOCHI
VERDURE
MUSICA
CIPOLLE
PEPE
POLLO
INSALATE
SALSA
SALE

66 - Animaux de Compagnie

T	J	L	C	P	A	P	P	A	G	A	L	L	O
O	I	P	L	O	B	I	C	C	G	Z	G	C	N
P	M	N	C	U	N	E	Y	C	M	U	U	R	I
O	F	S	O	E	O	I	F	U	Y	T	I	I	T
F	R	Y	D	P	D	D	G	M	B	T	N	C	T
A	K	M	A	E	U	E	P	L	S	A	Z	E	A
A	L	O	T	R	E	C	U	L	I	J	A	T	G
U	R	T	Q	L	N	S	I	C	P	O	G	O	R
Q	G	T	C	L	A	E	E	R	A	L	L	O	C
C	N	A	I	J	C	P	X	P	R	F	I	U	F
A	A	G	Y	G	T	P	A	Y	F	B	O	I	R
X	T	P	U	Z	L	C	U	C	C	I	O	L	O
L	O	I	R	A	N	I	R	E	T	E	V	P	D
D	R	G	K	A	T	A	R	T	A	R	U	G	A

GATTO
GATTINO
CAPRA
CANE
CUCCIOLO
COLLARE
ACQUA
ARTIGLI
CRICETO
GUINZAGLIO
CONIGLIO
LUCERTOLA
CIBO
PAPPAGALLO
PESCE
CODA
TOPO
TARTARUGA
MUCCA
VETERINARIO

67 - Forêt Tropicale

C	M	T	M	M	H	C	P	O	S	Z	U	Q	L
F	O	A	L	G	N	U	I	G	T	X	Q	D	R
B	N	M	M	O	I	G	U	F	I	R	I	O	G
W	E	I	U	M	A	D	W	M	T	N	E	D	J
E	G	L	Q	N	I	M	I	C	T	R	M	I	U
T	I	C	I	B	I	F	N	A	E	T	M	V	P
P	D	R	U	O	T	T	E	P	S	I	R	E	R
S	N	Q	H	I	T	N	À	R	N	S	F	R	E
O	I	H	C	S	U	M	A	E	I	M	X	S	Z
B	O	T	A	N	I	C	O	T	L	F	M	I	I
S	P	E	C	I	E	L	O	V	U	N	C	T	O
U	C	C	E	L	L	I	I	C	A	R	Y	À	S
R	E	S	T	A	U	R	O	G	F	N	A	W	O
P	R	E	S	E	R	V	A	Z	I	O	N	E	E

ANFIBI
BOTANICO
CLIMA
COMUNITÀ
DIVERSITÀ
SPECIE
INDIGENO
INSETTI
GIUNGLA
MAMMIFERI
MUSCHIO
NATURA
NUVOLE
UCCELLI
PREZIOSO
PRESERVAZIONE
RIFUGIO
RISPETTO
RESTAURO

68 - Insectes

T	O	X	G	X	F	P	G	T	S	C	C	S	L
N	R	L	A	L	A	C	I	C	M	A	A	C	O
R	E	N	S	W	R	V	B	O	Q	L	V	A	C
N	T	D	R	A	F	Z	R	T	N	A	A	R	U
M	T	U	W	E	A	S	N	A	A	B	L	A	S
K	O	V	R	E	L	W	O	L	L	R	L	F	T
U	E	S	E	C	L	U	P	L	U	O	E	A	A
R	L	D	C	S	A	Q	A	E	L	N	T	G	B
K	O	X	E	E	P	O	R	N	L	E	T	G	X
U	C	W	B	N	R	A	A	I	E	T	A	I	F
A	F	I	D	E	I	I	Z	C	B	U	J	O	W
F	O	R	M	I	C	A	N	C	I	T	O	E	N
M	A	N	T	I	D	E	A	O	L	S	A	P	E
T	E	R	M	I	T	E	Z	C	V	E	R	M	E

APE
SCARAFAGGIO
CICALA
COCCINELLA
LOCUSTA
FORMICA
CALABRONE
VESPA
LARVA
LIBELLULA
MANTIDE
MOSCERINO
ZANZARA
FARFALLA
PULCE
AFIDE
CAVALLETTA
COLEOTTERO
TERMITE
VERME

69 - Ferme #1

C	N	B	Q	A	A	V	P	A	M	C	I	G	H
B	O	Z	O	E	C	I	H	G	S	K	A	H	O
H	T	R	U	S	Q	T	P	R	F	Q	B	N	O
J	T	Y	V	W	U	E	O	I	C	E	I	Q	E
J	A	N	M	O	A	L	L	C	A	O	S	Z	G
B	G	Y	B	U	Y	L	L	O	P	B	O	X	G
F	Q	W	X	C	C	O	O	L	R	Q	N	B	E
I	X	Z	C	K	R	C	S	T	A	F	T	X	R
E	T	M	H	K	S	O	A	U	A	O	E	M	G
N	R	E	C	I	N	T	O	R	S	X	L	R	Q
O	A	G	C	K	D	J	X	A	I	Q	E	Y	Z
U	P	C	A	V	A	L	L	O	N	J	I	J	U
W	E	H	X	R	X	N	D	I	O	P	M	A	C
H	R	I	S	O	L	N	S	G	Q	G	R	D	B

APE
AGRICOLTURA
ASINO
BISONTE
CAMPO
GATTO
CAVALLO
CAPRA
CANE
RECINTO
CORVO
ACQUA
FIENO
MIELE
POLLO
RISO
GREGGE
MUCCA
VITELLO

70 - Café

D	T	G	X	F	I	L	T	R	O	B	E	A	A
G	M	A	U	X	W	Y	O	I	D	E	N	M	R
B	R	C	P	S	J	U	M	I	I	V	Q	A	R
M	H	I	Z	X	T	A	E	P	U	A	W	R	O
R	U	D	O	O	O	O	D	E	Q	N	V	O	S
P	E	O	R	E	N	R	A	J	I	D	A	R	T
M	R	C	P	O	R	I	M	S	L	A	R	E	I
A	A	E	A	M	O	R	A	C	O	M	I	H	T
T	N	C	Z	F	T	A	Z	Z	A	E	E	C	O
T	I	Q	A	Z	F	O	S	S	W	R	T	C	R
I	C	L	Y	S	O	E	A	P	T	C	À	U	Q
N	A	Y	S	P	A	F	I	T	M	I	X	Z	J
A	M	Q	L	A	T	T	E	N	I	G	I	R	O
A	C	Q	U	A	W	B	D	I	A	L	Y	J	J

ACIDO
AMARO
AROMA
BEVANDA
CAFFEINA
CREMA
ACQUA
FILTRO
LATTE
LIQUIDO
MATTINA
MACINARE
NERO
ORIGINE
PREZZO
ARROSTITO
GUSTO
ZUCCHERO
TAZZA
VARIETÀ

71 - Antarctique

P	A	M	B	I	E	N	T	E	K	F	S	H	S
M	E	N	O	I	Z	A	R	G	I	M	U	G	C
A	S	N	U	C	C	E	L	L	I	X	D	E	I
G	L	H	I	B	A	L	E	N	E	C	R	O	E
O	J	U	S	S	X	C	Y	Y	X	G	O	G	N
I	E	E	W	X	O	K	I	Q	L	T	C	R	T
Q	O	N	R	P	Z	L	X	A	U	Q	C	A	I
Z	R	T	O	I	C	C	A	I	H	G	I	F	F
T	E	M	P	E	R	A	T	U	R	A	O	I	I
I	M	I	N	E	R	A	L	I	F	H	S	A	C
M	S	R	J	Z	I	A	O	C	W	G	O	Q	O
Q	G	O	D	E	N	O	I	Z	I	D	E	P	S
Q	R	T	L	J	G	H	I	A	C	C	I	A	I
T	L	O	W	E	S	P	W	E	B	G	O	O	G

BAIA
BALENE
ACQUA
AMBIENTE
SPEDIZIONE
GEOGRAFIA
GHIACCIO
GHIACCIAI
ISOLE
MIGRAZIONE
MINERALI
UCCELLI
PENISOLA
ROCCIOSO
SCIENTIFICO
TEMPERATURA

72 - Professions #2

L	A	P	T	D	X	Y	O	C	I	D	E	M	P
B	I	S	I	G	N	T	B	B	U	E	G	I	U
P	K	N	T	L	N	R	T	Q	K	T	I	N	Y
T	G	F	G	R	O	A	I	S	M	E	O	S	S
L	I	I	Z	U	O	T	U	G	Y	C	R	E	C
D	A	L	O	Y	I	N	A	C	E	T	N	G	H
E	R	O	O	E	Y	S	A	C	R	I	A	N	I
N	D	S	L	W	P	Y	T	U	O	V	L	A	R
T	I	O	O	S	O	U	Y	A	T	E	I	N	U
I	N	F	G	L	B	R	M	S	T	A	S	T	R
S	I	O	O	O	G	O	L	O	I	B	T	E	G
T	E	L	N	N	K	L	I	K	P	A	A	Z	O
A	R	F	O	T	O	G	R	A	F	O	F	G	T
M	E	R	O	T	N	E	V	N	I	X	B	B	K

ASTRONAUTA
BIOLOGO
CHIRURGO
DENTISTA
DETECTIVE
INSEGNANTE
INVENTORE
GIARDINIERE
GIORNALISTA
LINGUISTA
MEDICO
PITTORE
FILOSOFO
FOTOGRAFO
PILOTA
ZOOLOGO

73 - Les Abeilles

E	G	D	O	F	F	Q	I	T	L	S	A	O	T
M	W	K	U	Q	I	I	X	I	G	C	S	W	I
R	E	G	I	N	A	O	O	R	D	I	W	E	E
R	N	Y	T	E	F	M	R	R	Q	A	O	M	T
F	I	C	W	W	J	U	S	I	I	M	E	I	T
R	L	S	W	I	R	F	W	O	R	E	C	E	B
U	L	I	N	S	E	T	T	O	S	E	T	L	E
T	O	E	C	O	S	I	S	T	E	M	A	E	N
T	P	U	P	T	C	I	B	O	C	A	T	R	E
A	G	I	A	R	D	I	N	O	C	L	I	Y	F
D	I	V	E	R	S	I	T	À	C	I	B	W	I
P	I	A	N	T	E	O	U	K	E	J	A	S	C
A	L	V	E	A	R	E	Q	T	R	G	H	E	O
H	F	D	W	X	S	O	L	E	A	R	J	O	Q

ALI
BENEFICO
CERA
DIVERSITÀ
SCIAME
ECOSISTEMA
FIORIRE
FIORI
FRUTTA
FUMO
HABITAT
INSETTO
GIARDINO
MIELE
CIBO
PIANTE
POLLINE
REGINA
ALVEARE
SOLE

74 - Santé et Bien Être #2

I	Q	D	H	C	G	G	I	G	I	E	N	E	R
N	N	S	F	A	R	E	S	N	R	S	U	E	E
F	I	A	U	L	D	N	P	A	A	P	J	B	C
E	Z	N	U	O	D	E	Q	G	N	U	F	B	U
Z	S	G	A	R	I	T	Q	H	S	O	X	J	P
I	A	U	L	I	E	I	S	T	R	E	S	S	E
O	P	E	L	A	T	C	C	I	J	S	C	S	R
N	P	X	E	R	A	A	S	D	F	W	I	S	O
E	E	O	R	P	A	N	A	T	O	M	I	A	S
C	T	U	G	E	N	E	R	G	I	A	X	O	E
O	I	A	I	T	T	A	L	A	M	S	H	N	P
R	T	G	A	N	U	T	R	I	Z	I	O	N	E
P	O	I	G	G	A	S	S	A	M	H	O	U	U
O	A	K	Z	F	W	O	S	P	E	D	A	L	E

ALLERGIA
ANATOMIA
APPETITO
CALORIA
CORPO
DIETA
ENERGIA
GENETICA
OSPEDALE
IGIENE
INFEZIONE
MALATTIA
MASSAGGIO
NUTRIZIONE
PESO
RECUPERO
SANO
SANGUE
STRESS

75 - Conduite

Z	C	A	M	I	O	N	Z	D	S	T	A	W	X
S	I	C	U	R	E	Z	Z	A	T	R	G	D	A
A	I	E	T	N	A	R	U	B	R	A	C	I	P
M	O	T	O	R	E	N	D	A	A	S	A	G	P
V	E	L	O	C	I	T	À	U	D	P	O	X	A
P	E	R	I	C	O	L	O	T	A	O	T	O	M
E	T	L	P	O	X	C	U	O	L	R	A	L	P
G	N	Q	I	E	D	H	I	J	D	T	J	M	O
A	E	M	N	C	D	B	C	F	E	O	T	G	L
R	D	F	E	U	E	O	N	T	F	I	U	O	I
A	I	U	R	L	F	N	N	B	I	A	G	X	Z
G	C	W	F	K	D	G	Z	A	R	I	R	T	I
E	N	T	U	N	N	E	L	A	L	D	A	T	A
N	I	G	G	S	R	X	R	W	M	E	L	T	I

INCIDENTE
CAMION
CARBURANTE
MAPPA
PERICOLO
FRENI
GARAGE
GAS
LICENZA
MOTORE
MOTO
PEDONALE
POLIZIA
STRADA
SICUREZZA
TRAFFICO
TRASPORTO
TUNNEL
VELOCITÀ
AUTO

76 - Plantes

N	F	G	J	Z	Z	L	P	I	C	P	A	O	H
Q	K	E	Q	S	O	O	T	W	A	E	L	G	U
X	T	O	I	H	C	S	U	M	C	T	B	Q	P
O	Z	M	N	B	U	M	J	L	T	A	E	B	K
F	O	G	L	I	A	M	E	X	U	L	R	O	B
B	D	M	F	E	D	J	C	M	S	O	O	A	O
A	C	C	A	B	E	R	E	C	S	E	R	C	T
M	R	A	D	I	C	E	A	R	O	L	F	I	A
B	X	Q	Z	J	Z	D	B	I	L	U	F	Q	N
Ù	E	D	E	R	A	P	R	B	G	G	M	Q	I
A	R	U	N	P	O	Z	E	R	O	I	F	C	C
F	E	R	T	I	L	I	Z	Z	A	N	T	E	A
F	O	R	E	S	T	A	F	A	G	I	O	L	O
C	E	S	P	U	G	L	I	O	J	A	K	X	M

ALBERO
BACCA
BAMBÙ
BOTANICA
CESPUGLIO
CACTUS
FERTILIZZANTE
FOGLIAME
FIORE
FLORA
FORESTA
CRESCERE
FAGIOLO
ERBA
GIARDINO
EDERA
MUSCHIO
PETALO
RADICE

77 - Ferme #2

V	T	U	E	N	O	I	Z	A	G	I	R	R	I
E	N	E	R	O	T	L	O	C	I	R	G	A	A
R	J	G	O	Z	T	A	A	R	Y	G	A	E	G
D	O	R	T	R	C	M	K	M	N	P	P	Q	N
U	U	A	S	O	T	I	J	H	A	P	R	M	E
R	P	N	A	O	D	N	H	R	E	B	A	N	L
A	A	O	P	J	R	A	A	F	O	X	T	F	L
P	C	L	R	E	L	I	N	E	I	F	O	P	O
P	S	P	V	S	H	Q	A	P	E	C	O	R	A
C	I	B	O	E	O	O	T	E	T	T	U	R	F
L	A	T	T	E	A	Q	R	F	J	Y	M	M	C
T	M	O	X	N	T	R	A	C	L	W	H	D	H
D	F	R	U	T	T	A	E	Q	O	L	S	N	J
Z	J	Z	N	W	T	R	A	T	T	O	R	E	H

AGNELLO
AGRICOLTORE
ANIMALI
PASTORE
GRANO
ANATRA
FRUTTA
FIENILE
IRRIGAZIONE
LATTE
LAMA
VERDURA
MAIS
PECORA
CIBO
ORZO
PRATO
ALVEARE
TRATTORE
FRUTTETO

78 - Éthique

O	K	C	O	N	E	S	T	À	E	S	B	R	D
S	U	P	O	Z	Z	C	A	P	L	A	E	A	I
O	M	S	I	M	I	T	T	O	O	G	N	L	P
T	G	B	M	I	P	M	T	N	V	G	E	T	L
T	S	H	À	Q	O	A	O	P	E	E	V	R	O
E	U	E	T	F	Y	P	S	C	N	Z	O	U	M
P	A	Z	I	E	N	Z	A	S	O	Z	L	I	A
S	E	W	N	E	C	W	N	M	I	A	O	S	T
I	T	N	A	S	Z	R	T	K	G	O	H	M	I
R	F	X	M	D	N	A	K	W	A	Y	N	O	C
Y	P	W	U	B	S	J	R	N	R	H	G	E	O
G	E	N	T	I	L	E	Z	Z	A	A	F	E	T
R	A	Z	I	O	N	A	L	I	T	À	S	M	J
A	W	A	R	E	A	L	I	S	M	O	W	I	D

ALTRUISMO
BENEVOLO
COMPASSIONE
DIPLOMATICO
GENTILEZZA
ONESTÀ
UMANITÀ
OTTIMISMO
PAZIENZA
RAGIONEVOLE
RAZIONALITÀ
RISPETTOSO
REALISMO
SAGGEZZA

79 - Temps

M	S	P	R	I	M	A	R	O	M	Z	C	Z	T
N	A	E	L	A	U	N	N	A	I	Y	F	G	W
O	E	T	T	O	N	U	E	I	N	O	M	B	L
M	R	X	T	T	H	W	M	W	U	S	Z	Y	F
E	C	O	S	I	I	G	G	O	T	I	E	R	I
S	A	T	L	W	N	M	U	F	O	N	N	A	P
E	L	S	O	O	E	A	A	G	I	O	R	N	O
F	E	E	N	T	G	D	K	N	D	O	P	O	F
X	N	R	U	R	G	I	L	J	A	E	H	K	U
S	D	P	D	L	C	G	O	L	O	C	E	S	T
W	A	M	E	Z	Z	O	G	I	O	R	N	O	U
G	R	T	A	Y	U	H	G	X	Q	I	Z	F	R
G	I	A	D	E	C	E	N	N	I	O	G	Q	O
I	O	P	H	W	W	S	Y	D	Y	P	G	W	W

ANNO
ANNUALE
DOPO
OGGI
PRIMA
PRESTO
CALENDARIO
DECENNIO
FUTURO
ORA
IERI
OROLOGIO
GIORNO
MATTINA
MEZZOGIORNO
MINUTO
MESE
NOTTE
SETTIMANA
SECOLO

80 - Maison

R	D	K	I	S	E	G	A	R	A	G	L	O	T
R	E	C	I	N	T	O	P	Z	Y	U	A	Q	E
X	T	C	A	M	I	N	O	E	Q	F	M	T	T
X	R	M	D	C	D	O	C	C	I	A	P	Q	T
B	Z	W	Y	N	E	T	S	Z	T	U	A	P	O
P	A	T	M	I	A	T	J	F	J	P	D	A	G
C	O	B	C	H	T	I	O	D	Y	E	A	R	I
T	U	R	A	Q	T	F	I	I	O	Z	J	E	A
E	N	C	T	N	I	F	H	F	L	H	A	T	R
N	O	I	I	A	C	O	C	H	A	B	K	E	D
D	P	C	K	N	O	S	C	L	P	U	I	Y	I
E	U	W	S	C	A	R	E	M	A	C	T	B	N
C	H	I	A	V	I	K	P	C	P	S	A	T	O
Z	L	T	S	A	R	T	S	E	N	I	F	Q	K

SCOPA
BIBLIOTECA
CAMERA
CAMINO
CHIAVI
RECINTO
CUCINA
DOCCIA
FINESTRA
GARAGE
ATTICO
GIARDINO
LAMPADA
SPECCHIO
PARETE
SOFFITTO
PORTA
TENDE
TETTO

81 - Famille

M	J	D	I	M	P	W	P	G	N	W	M	B	N
A	O	N	N	X	A	A	L	L	E	R	O	S	I
T	T	H	F	J	W	D	T	I	Z	S	G	A	P
E	H	J	A	F	C	J	R	E	Y	C	L	P	O
R	A	N	N	Q	W	K	S	E	R	I	I	Z	T
N	M	X	Z	R	D	G	P	J	U	N	E	I	E
O	K	Y	I	N	I	B	M	A	B	J	O	O	J
F	O	T	A	N	E	T	N	A	N	G	Q	W	P
F	I	G	L	I	A	D	C	O	T	I	R	A	M
F	R	A	T	E	L	L	O	N	I	B	M	A	B
P	A	D	R	E	O	Q	Z	I	N	E	O	C	P
N	O	N	N	A	W	G	I	G	R	L	T	Z	Z
D	I	B	W	E	K	Y	A	U	N	O	N	N	O
A	Q	P	W	P	R	F	J	C	L	W	B	G	L

ANTENATO
CUGINO
INFANZIA
BAMBINO
BAMBINI
MOGLIE
FIGLIA
FRATELLO
NONNA
NONNO
MARITO
MATERNO
MADRE
NIPOTE
ZIO
PATERNO
PADRE
SORELLA
ZIA

82 - Oiseaux

P	P	O	L	L	O	N	A	C	U	T	R	A	G
C	I	R	S	M	X	J	E	E	U	P	X	I	Z
O	G	C	L	M	U	C	U	R	O	R	G	R	W
L	A	L	C	E	C	J	Z	N	I	J	M	O	Q
O	B	W	P	I	P	A	S	S	E	R	O	N	O
M	B	I	E	G	O	Z	Z	U	R	T	S	E	L
B	I	O	L	E	N	N	C	A	G	A	A	F	L
A	A	C	L	N	I	B	E	A	N	A	T	R	A
L	N	A	I	O	U	C	U	C	U	L	O	O	G
I	O	P	C	V	G	U	O	V	O	R	N	H	A
U	O	C	A	A	N	G	O	C	I	C	G	O	P
Q	N	T	N	P	I	X	E	D	I	G	I	Q	P
A	G	T	O	M	P	M	K	C	W	T	C	Y	A
F	E	N	I	C	O	T	T	E	R	O	D	O	P

AQUILA
STRUZZO
ANATRA
CICOGNA
COLOMBA
CUCULO
CIGNO
FENICOTTERO
AIRONE
PINGUINO
PASSERO
GABBIANO
UOVO
OCA
PAVONE
PAPPAGALLO
PELLICANO
PICCIONE
POLLO
TUCANO

83 - Disciplines Scientifiques

N	E	U	R	O	L	O	G	I	A	Q	K	A	B
R	F	B	I	O	C	H	I	M	I	C	A	N	O
A	I	G	O	L	A	R	E	N	I	M	M	A	T
I	S	G	L	M	T	D	A	H	A	Z	Q	T	A
M	A	I	G	O	L	O	I	B	I	M	G	O	N
O	E	D	S	H	H	B	G	R	G	E	Q	M	I
N	E	C	Z	A	I	G	O	L	O	E	G	I	C
O	C	P	C	B	S	A	L	Q	L	C	R	A	A
R	O	Y	S	A	I	G	O	L	O	I	S	I	F
T	L	H	U	Q	N	L	E	K	N	W	D	A	D
S	O	A	C	I	M	I	H	C	U	K	Q	Q	N
A	G	W	Y	O	K	K	C	E	M	F	G	S	S
N	I	E	Q	X	J	N	R	A	M	P	Y	C	J
Q	A	G	D	R	I	F	A	U	I	T	B	K	N

ANATOMIA
ARCHEOLOGIA
ASTRONOMIA
BIOCHIMICA
BIOLOGIA
BOTANICA
CHIMICA
ECOLOGIA
GEOLOGIA
IMMUNOLOGIA
MECCANICA
MINERALOGIA
NEUROLOGIA
FISIOLOGIA

84 - Émotions

M	J	K	S	Z	L	N	M	S	R	P	E	G	A
O	V	E	I	L	I	R	R	O	I	F	A	H	Z
X	K	D	M	H	L	W	L	R	L	A	T	C	Z
O	K	U	P	K	W	A	E	P	A	Q	R	E	E
T	Z	R	A	A	X	O	D	R	S	C	A	C	L
T	K	Q	T	H	M	D	U	E	S	A	N	C	I
A	I	O	I	G	G	O	P	S	A	L	Q	I	T
F	W	A	A	W	P	Y	R	A	T	M	U	T	N
S	A	W	G	A	S	N	I	E	O	A	I	A	E
I	M	B	A	R	A	Z	Z	A	T	O	L	T	G
D	G	O	T	U	N	E	T	N	O	C	L	O	S
D	Z	O	T	A	D	O	T	A	R	G	I	X	X
O	Z	P	L	P	J	X	I	L	T	E	T	K	Y
S	P	W	W	A	I	B	B	A	R	C	À	F	L

AMORE
CALMA
RABBIA
CONTENUTO
RILASSATO
IMBARAZZATO
NOIA
ECCITATO
GENTILEZZA
GIOIA
PACE
PAURA
GRATO
RILIEVO
SODDISFATTO
SORPRESA
SIMPATIA
TRANQUILLITÀ

85 - Géographie

E	D	R	O	N	O	O	Q	K	C	X	M	A	J
A	O	R	E	F	S	I	M	E	O	E	E	H	Q
A	I	H	R	G	I	F	E	Q	N	N	R	M	L
C	R	E	A	G	I	U	M	F	T	I	I	Y	A
M	O	E	M	S	P	O	O	D	I	D	D	Y	T
O	T	S	E	V	O	W	N	X	N	U	I	Q	I
N	I	N	I	I	H	S	A	E	E	T	A	L	T
D	R	H	N	S	M	H	E	I	N	I	N	F	U
O	R	I	S	B	O	E	C	U	T	T	O	I	D
E	E	L	L	U	F	L	O	H	E	L	W	U	I
X	T	M	S	C	D	D	A	P	P	A	M	M	N
M	O	N	T	A	G	N	A	T	S	G	K	E	E
P	A	E	S	E	T	N	A	L	T	A	C	C	H
I	C	I	T	T	À	I	M	A	M	U	Z	D	B

ALTITUDINE
ATLANTE
MAPPA
CONTINENTE
FIUME
EMISFERO
ISOLA
LATITUDINE
MARE
MERIDIANO
MONDO
MONTAGNA
NORD
OCEANO
OVEST
PAESE
REGIONE
SUD
TERRITORIO
CITTÀ

86 - Danse

R	I	T	M	O	A	G	A	J	Y	H	T	O	S
V	I	S	I	V	O	I	C	I	H	L	P	V	I
C	Y	J	Q	T	E	O	L	U	D	B	I	I	A
O	C	O	R	P	O	I	F	B	L	H	P	S	I
M	P	L	F	T	J	O	R	I	M	T	Z	S	M
P	I	A	R	U	T	S	O	P	Z	A	U	E	E
A	R	I	C	E	N	O	I	Z	O	M	E	R	D
G	S	Z	L	M	A	P	S	P	Y	E	Z	P	A
N	A	A	A	C	U	R	W	U	U	W	S	S	C
O	L	R	S	B	B	S	T	K	R	U	E	E	C
G	T	G	S	T	J	N	I	E	S	K	T	Q	A
T	O	C	I	Y	N	S	L	C	P	R	O	V	A
A	Y	E	C	W	D	P	Z	P	A	Z	P	D	F
F	Z	Q	O	M	O	V	I	M	E	N	T	O	U

ACCADEMIA
ARTE
CLASSICO
CORPO
CULTURA
ESPRESSIVO
EMOZIONE
GRAZIA
GIOIOSO
MOVIMENTO
MUSICA
COMPAGNO
POSTURA
PROVA
RITMO
SALTO
VISIVO

87 - Bâtiments

C	G	L	G	I	Y	S	Q	P	E	S	O	A	H
I	U	K	C	K	X	T	C	I	R	J	I	M	C
N	K	H	Q	F	J	S	W	U	R	Q	R	B	A
E	D	R	S	Z	W	N	N	T	O	E	O	A	B
M	I	O	N	T	N	D	H	M	T	L	T	S	I
A	F	A	B	B	R	I	C	A	G	A	A	C	N
G	O	E	S	U	M	Y	Q	G	P	D	V	I	A
E	W	L	E	T	O	H	B	N	G	E	R	A	D
Y	N	E	L	I	N	E	I	F	C	P	E	T	N
U	N	I	V	E	R	S	I	T	À	S	S	A	E
H	X	G	O	R	T	A	E	T	M	O	S	O	T
D	U	T	U	P	N	S	I	J	D	U	O	A	E
G	A	B	L	O	I	D	A	T	S	R	J	T	H
O	G	A	R	A	G	E	C	C	H	B	D	C	Z

AMBASCIATA
CABINA
CASTELLO
CINEMA
SCUOLA
GARAGE
FIENILE
OSPEDALE
HOTEL
MUSEO
OSSERVATORIO
STADIO
TENDA
TEATRO
TORRE
UNIVERSITÀ
FABBRICA

88 - Activités et Loisirs

I	H	D	R	B	J	K	Y	G	C	E	N	F	W
M	S	L	I	X	A	P	E	S	C	A	U	C	I
M	U	F	L	O	G	S	D	S	W	A	O	B	E
E	R	P	A	I	P	N	E	I	O	R	T	O	S
R	F	A	S	C	P	R	I	B	U	T	O	X	C
S	T	L	S	L	I	X	K	P	A	E	Y	E	U
I	E	L	A	A	T	S	E	T	P	L	R	T	R
O	N	A	N	C	T	P	C	D	P	O	L	E	S
N	N	V	T	L	U	X	A	T	W	B	H	K	I
E	I	O	E	H	R	H	A	G	Q	G	N	S	O
Q	S	L	F	Y	A	I	O	W	Y	E	K	A	N
I	T	O	Q	U	Y	Y	G	B	A	I	X	B	I
C	A	M	P	E	G	G	I	O	B	D	X	Y	H
V	I	A	G	G	I	O	U	P	D	Y	Z	W	L

SHOPPING
ARTE
BASEBALL
BASKET
BOXE
CAMPEGGIO
CALCIO
GOLF
NUOTO
HOBBY
PITTURA
PESCA
IMMERSIONE
ESCURSIONI
RILASSANTE
SURF
TENNIS
PALLAVOLO
VIAGGIO

89 - Livres

N	S	O	N	R	F	S	A	L	M	T	B	M	K
A	T	T	N	E	I	À	T	I	L	A	U	D	A
R	R	S	O	P	D	L	A	O	R	K	I	G	V
R	A	E	H	R	H	P	E	O	R	W	R	O	V
A	G	T	U	J	I	T	I	V	H	I	E	T	E
T	I	N	N	W	G	A	R	I	A	W	C	F	N
O	C	O	O	E	Q	O	E	T	N	N	Y	O	T
R	O	C	T	U	Q	F	S	N	I	D	T	C	U
E	L	E	T	T	O	R	E	E	G	G	E	E	R
R	O	M	A	N	Z	O	O	V	A	T	P	R	A
I	X	P	O	E	S	I	A	N	P	J	I	O	F
P	D	N	R	J	F	L	A	I	C	Y	C	T	F
A	E	Q	S	S	C	R	I	T	T	O	O	U	P
A	C	O	L	L	E	Z	I	O	N	E	D	A	C

AUTORE
AVVENTURA
COLLEZIONE
CONTESTO
DUALITÀ
SCRITTO
EPICO
STORIA
STORICO
INVENTIVO
LETTORE
NARRATORE
PAGINA
RILEVANTE
POESIA
ROMANZO
SERIE
TRAGICO

90 - Pays #2

L	I	A	C	S	I	R	L	A	N	D	A	I	J
I	N	A	T	S	I	K	A	P	N	I	D	F	H
B	D	A	S	X	J	L	C	H	A	I	T	I	T
A	O	I	L	J	J	A	I	B	F	J	E	H	Q
N	N	S	J	B	L	O	A	R	R	Y	I	N	S
O	E	S	U	L	A	S	M	D	A	Z	L	A	O
X	S	U	C	G	S	N	A	Y	N	E	K	W	M
A	I	R	I	S	A	T	I	G	C	N	U	Q	A
N	A	B	N	P	A	N	G	A	I	O	S	C	L
I	G	T	A	D	E	A	D	G	A	P	W	B	I
A	O	I	M	N	G	D	U	A	M	P	P	S	A
R	W	H	W	E	M	U	S	W	C	A	T	U	R
C	I	B	O	C	I	S	S	E	M	I	D	N	Q
U	D	A	N	I	M	A	R	C	A	G	C	O	I

ALBANIA
CINA
DANIMARCA
FRANCIA
HAITI
INDONESIA
IRLANDA
GIAMAICA
GIAPPONE
KENYA
LAOS
LIBANO
MESSICO
UGANDA
PAKISTAN
RUSSIA
SOMALIA
SUDAN
SIRIA
UCRAINA

91 - Fournitures d'Art

G	H	U	A	G	C	K	H	J	P	À	A	O	L
X	C	P	C	T	O	L	O	V	A	T	M	S	S
Z	N	A	R	C	Y	M	T	M	S	I	A	D	U
O	K	O	I	L	O	A	M	Y	T	V	T	E	A
L	O	D	L	J	D	L	W	A	E	I	I	R	R
J	Y	R	I	N	M	A	L	O	L	T	T	T	E
K	M	D	C	H	R	U	B	A	L	A	E	C	M
J	Z	R	O	O	D	Q	T	I	I	E	T	A	A
A	F	S	A	S	K	C	O	L	O	R	I	R	C
O	T	T	E	L	L	A	V	A	C	C	F	T	E
Y	C	O	E	D	A	R	G	I	L	L	A	A	L
N	J	T	D	P	I	X	C	A	R	B	O	N	E
H	A	H	I	J	J	A	C	B	Z	F	M	U	T
S	P	A	Z	Z	O	L	E	C	S	Q	Q	M	C

ACRILICO
ARGILLA
SPAZZOLE
TELECAMERA
SEDIA
CARBONE
CAVALLETTO
COLLA
COLORI
MATITE
CREATIVITÀ
ACQUA
GOMMA
OLIO
IDEE
CARTA
PASTELLI
TAVOLO

92 - Jazz

Q	G	A	I	R	E	T	T	A	B	F	H	T	R
B	H	N	N	T	A	Y	A	E	L	I	T	S	I
T	E	C	N	I	C	A	L	N	J	B	T	G	T
C	N	R	B	O	I	T	E	G	U	Z	U	Q	M
G	O	B	W	U	S	S	N	N	N	O	A	M	O
E	Z	M	G	U	U	I	T	I	C	T	V	Z	P
N	N	A	P	W	M	T	O	E	T	Z	J	O	R
E	A	S	L	O	K	R	F	A	M	O	S	O	E
R	C	S	A	I	S	A	F	N	E	L	N	O	F
E	M	O	U	D	K	I	O	X	M	B	G	J	E
X	N	L	W	U	O	P	T	T	L	W	O	G	R
W	N	O	J	F	P	X	A	O	X	L	Z	Z	I
O	R	C	H	E	S	T	R	A	R	G	U	L	T
C	O	N	C	E	R	T	O	F	Y	E	P	Q	I

ENFASI
ALBUM
ARTISTA
FAMOSO
CANZONE
COMPOSITORE
CONCERTO
PREFERITI
GENERE
MUSICA
NUOVO
ORCHESTRA
RITMO
ASSOLO
STILE
TALENTO
BATTERIA
TECNICA

93 - Paysages

I	S	A	P	W	U	X	Q	F	N	A	J	G	R
Q	I	T	E	D	U	L	A	P	J	F	E	H	Z
W	S	T	N	S	U	N	M	A	R	E	S	I	W
A	O	O	I	R	A	U	T	S	E	O	F	A	C
N	L	R	S	I	C	E	B	E	R	G	Z	C	O
G	A	G	O	G	A	L	Z	O	C	I	R	C	L
A	E	T	L	V	A	L	L	E	A	A	B	I	L
T	T	Y	A	I	G	G	A	I	P	S	I	A	I
N	U	E	S	J	F	J	T	I	H	F	I	I	N
O	N	Y	Q	E	J	C	A	Y	W	I	A	O	A
M	D	E	P	T	R	Y	C	X	N	U	W	Q	X
I	R	E	O	T	R	E	S	E	D	M	P	C	O
K	A	U	T	Q	U	H	A	K	L	E	I	L	K
V	U	L	C	A	N	O	C	X	Q	F	L	X	X

CASCATA
COLLINA
DESERTO
ESTUARIO
FIUME
GEYSER
GHIACCIAIO
GROTTA
ICEBERG
ISOLA
LAGO
PALUDE
MARE
MONTAGNA
OASI
PENISOLA
SPIAGGIA
TUNDRA
VALLE
VULCANO

94 - Pays #1

A	R	G	E	N	T	I	N	A	M	A	L	I	A
F	I	N	L	A	N	D	I	A	E	A	B	Q	F
R	O	M	A	N	I	A	M	A	N	A	P	N	G
G	L	I	B	I	A	I	G	E	V	R	O	N	H
H	A	U	G	A	R	A	C	I	N	T	E	C	A
G	F	I	L	I	P	P	I	N	E	S	C	H	N
I	E	M	D	P	O	L	O	N	I	A	U	W	I
Z	L	R	G	N	X	X	J	I	Z	B	A	K	S
D	I	K	M	Q	I	K	S	P	L	D	D	T	T
N	S	B	A	A	S	P	A	G	N	A	O	C	A
D	A	Z	K	R	N	U	Z	S	Y	F	R	L	N
A	R	Q	E	S	H	I	I	S	R	A	E	L	E
J	B	W	O	T	Z	P	A	D	A	N	A	C	P
M	A	R	O	C	C	O	I	Z	Z	A	K	J	T

AFGHANISTAN
GERMANIA
ARGENTINA
BRASILE
CANADA
SPAGNA
ECUADOR
FINLANDIA
INDIA
ISRAELE
LIBIA
MALI
MAROCCO
NICARAGUA
NORVEGIA
PANAMA
FILIPPINE
POLONIA
ROMANIA

95 - Nombres

D	F	B	I	Q	O	J	S	E	K	F	D	F	N
E	K	N	O	O	R	J	F	W	K	K	I	Q	L
C	U	S	E	T	T	E	S	S	A	I	C	I	D
I	W	D	W	T	T	S	E	T	T	E	I	C	Q
M	J	S	C	O	A	O	X	F	Y	U	A	I	U
A	Z	Q	K	I	U	M	S	O	C	F	N	D	A
L	P	Q	U	C	Q	T	Z	U	W	W	N	E	T
E	U	Q	N	I	C	L	E	S	X	D	O	R	T
C	O	L	I	D	N	I	R	S	T	O	V	T	O
A	W	W	C	S	K	D	O	B	R	D	E	R	R
R	D	D	I	E	C	I	I	J	E	I	Z	S	D
Y	I	G	D	H	H	X	R	C	U	C	M	E	I
I	T	N	E	V	S	Y	Y	F	I	I	S	I	C
W	Z	I	S	N	O	V	E	B	A	Z	G	K	I

CINQUE
DUE
DECIMALE
DIECI
DICIOTTO
DICIANNOVE
DICIASSETTE
DODICI
OTTO
NOVE

QUATTORDICI
QUATTRO
QUINDICI
SEDICI
SETTE
SEI
TREDICI
TRE
VENTI
ZERO

96 - Psychologie

A	P	P	U	N	T	A	M	E	N	T	O	E	Y
P	E	R	S	O	N	A	L	I	T	À	W	F	C
E	N	S	U	B	C	O	N	S	C	I	O	I	O
S	O	E	U	N	O	A	M	E	L	B	O	R	P
P	I	S	O	G	N	I	G	U	K	D	G	E	E
E	Z	K	I	O	E	Z	P	E	N	B	Y	I	M
R	A	F	C	Z	B	N	K	I	K	R	S	S	O
I	S	S	S	R	H	A	R	K	D	M	C	N	Z
E	N	A	N	M	O	F	A	E	W	E	Q	E	I
N	E	H	O	Y	A	N	S	K	A	E	E	P	O
Z	S	O	C	I	N	I	L	C	Y	L	G	R	N
E	H	D	N	T	E	R	A	P	I	A	T	O	I
O	T	T	I	L	F	N	O	C	L	B	G	À	C
C	O	M	P	O	R	T	A	M	E	N	T	O	D

CLINICO
COMPORTAMENTO
CONFLITTO
EGO
INFANZIA
ESPERIENZE
EMOZIONI
IDEE
INCONSCIO
PENSIERI
PERSONALITÀ
PROBLEMA
APPUNTAMENTO
REALTÀ
SOGNI
SENSAZIONE
SUBCONSCIO
TERAPIA

97 - Nature

N	E	C	U	Y	S	R	F	W	G	O	Q	B	U
F	L	O	C	E	E	I	I	I	U	C	J	E	M
C	O	T	I	L	R	F	L	J	U	I	H	L	O
H	V	G	N	A	E	U	A	H	Q	M	H	L	N
O	U	W	L	C	N	G	M	R	K	A	E	E	T
W	N	E	U	I	O	I	I	L	T	N	H	Z	A
A	P	I	G	P	A	O	N	K	O	I	L	Z	G
T	U	W	U	O	F	M	A	F	N	D	C	A	N
D	E	S	E	R	T	O	E	U	M	G	I	O	E
R	E	C	U	T	S	A	N	T	U	A	R	I	O
N	E	B	B	I	A	I	S	T	M	Y	M	F	F
J	T	A	A	G	P	J	F	O	R	E	S	T	A
S	E	L	V	A	G	G	I	O	K	K	O	J	W
E	R	O	S	I	O	N	E	V	I	T	A	L	E

API
RIFUGIO
ANIMALI
ARTICO
BELLEZZA
NEBBIA
DESERTO
DINAMICO
EROSIONE
FOGLIAME
FIUME
FORESTA
MONTAGNE
NUVOLE
SANTUARIO
SELVAGGIO
SERENO
TROPICALE
VITALE

98 - Chimie

I	L	L	A	T	E	M	W	A	C	P	O	C	S
N	O	D	I	U	Q	I	L	T	G	A	S	A	A
U	D	N	C	O	N	E	G	O	R	D	I	T	L
C	I	A	E	J	T	H	E	M	L	S	C	A	E
L	C	B	P	E	L	Q	C	I	L	A	A	L	E
E	A	H	J	N	N	C	A	C	G	L	R	I	N
A	K	A	L	O	C	E	L	O	M	C	B	Z	Z
R	K	Y	L	R	K	E	O	N	G	A	O	Z	I
E	H	H	Q	T	Y	L	R	E	Z	L	N	A	M
C	J	Q	Y	T	T	W	E	G	A	I	I	T	A
O	L	O	T	E	T	F	C	I	Z	N	O	O	G
C	X	O	F	L	U	O	E	S	U	O	O	R	R
N	J	P	R	E	L	B	W	S	U	D	J	E	G
B	B	A	D	O	S	J	N	O	P	E	S	O	F

ACIDO
ALCALINO
ATOMICO
CARBONIO
CATALIZZATORE
CALORE
CLORO
ENZIMA
ELETTRONE
GAS
IDROGENO
IONE
LIQUIDO
METALLI
MOLECOLA
NUCLEARE
OSSIGENO
PESO
SALE

99 - Bateaux

W	Z	F	I	U	M	E	Z	B	C	G	Z	K	A
O	C	E	A	N	O	D	K	A	O	E	O	A	N
R	F	R	E	O	I	N	C	D	T	L	T	Y	C
E	O	B	R	B	B	O	R	R	H	T	T	A	O
B	I	T	A	Z	P	W	A	O	C	J	E	K	R
L	A	A	M	U	U	Z	N	C	A	M	H	R	A
A	N	U	G	X	J	Z	A	Z	Y	O	G	B	A
O	I	G	G	A	P	I	U	Q	E	T	A	L	K
C	R	C	A	Y	S	Q	T	P	N	O	R	J	H
M	A	X	W	T	J	M	I	O	N	R	T	D	T
A	M	N	L	A	G	O	C	Y	W	E	K	B	L
R	U	A	O	M	T	N	O	T	Y	H	R	A	Q
E	S	O	C	A	L	E	V	A	A	C	R	A	B
Y	E	B	S	W	N	K	J	N	W	C	Z	G	Q

ANCORA
BOA
CANOA
CORDA
EQUIPAGGIO
TRAGHETTO
FIUME
KAYAK
LAGO
MAREA
MARINAIO
ALBERO
MARE
MOTORE
NAUTICO
OCEANO
ZATTERA
ONDE
BARCA A VELA
YACHT

100 - Mesures

Y	E	U	M	C	J	D	G	K	W	P	L	O	P
B	U	L	E	E	G	R	A	D	O	E	U	N	O
M	T	I	T	N	M	V	Z	L	L	S	N	C	L
P	O	T	R	T	A	O	Z	L	A	O	G	I	L
R	T	R	O	I	S	L	E	W	R	Q	H	A	I
O	O	O	T	M	S	U	T	L	G	G	E	E	C
F	N	T	P	E	A	M	L	E	H	C	Z	W	E
O	N	U	C	T	M	E	A	L	E	C	Z	O	G
N	E	N	U	R	L	O	U	A	Z	L	A	A	B
D	L	I	B	O	U	R	L	M	Z	B	Y	T	E
I	L	M	O	D	C	S	S	I	A	A	R	Z	D
T	A	G	R	A	M	M	O	C	H	U	A	M	D
À	T	F	O	A	N	T	A	E	B	C	E	D	S
M	A	W	M	D	I	P	M	D	G	N	K	I	U

CENTIMETRO
GRADO
DECIMALE
GRAMMO
ALTEZZA
CHILOMETRO
LARGHEZZA
LITRO
LUNGHEZZA
MASSA
METRO
MINUTO
BYTE
ONCIA
PESO
POLLICE
PROFONDITÀ
TONNELLATA
VOLUME

1 - Adjectifs #2

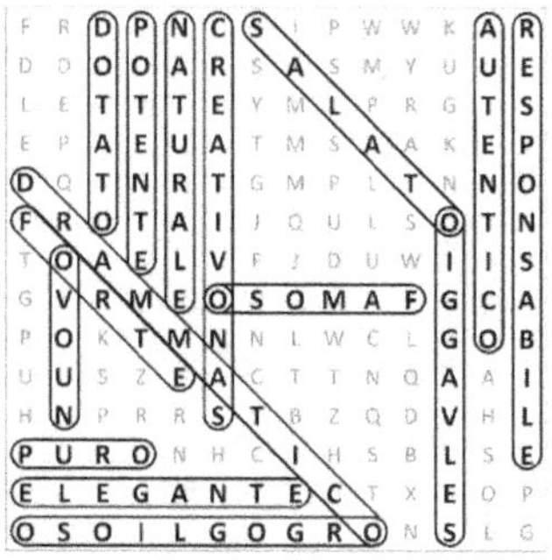

2 - Formes

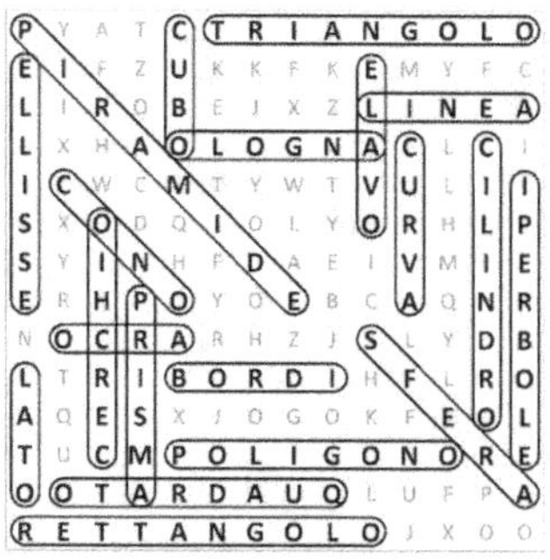

3 - Force et Gravité

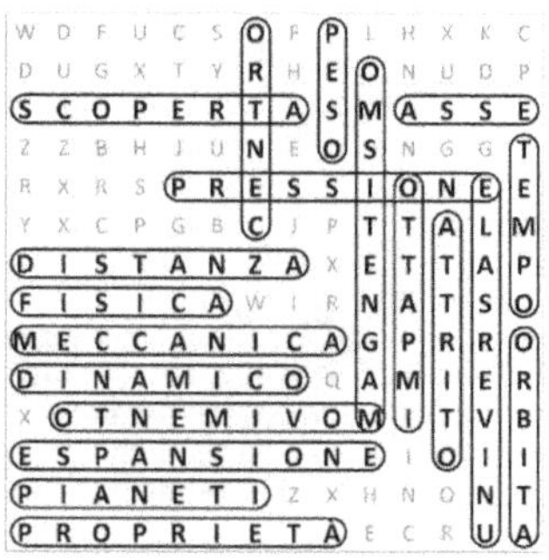

4 - Adjectifs #1

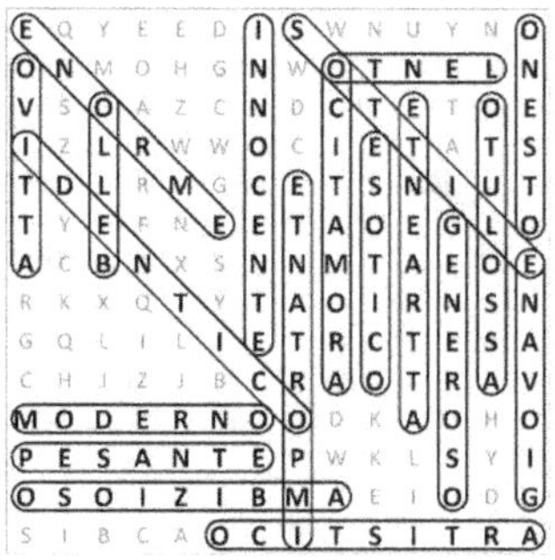

5 - Instruments de Musique

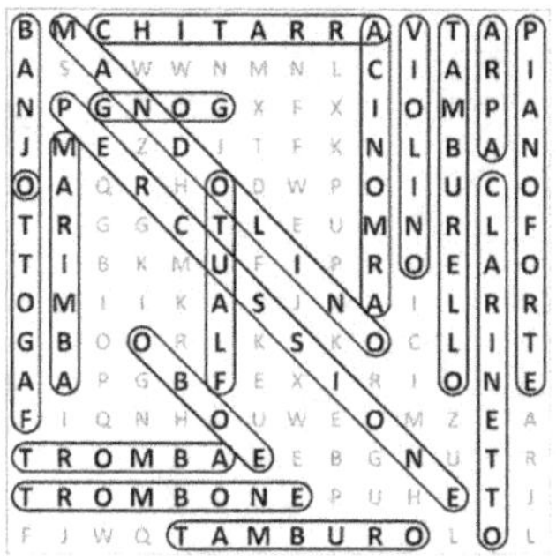

6 - Échecs

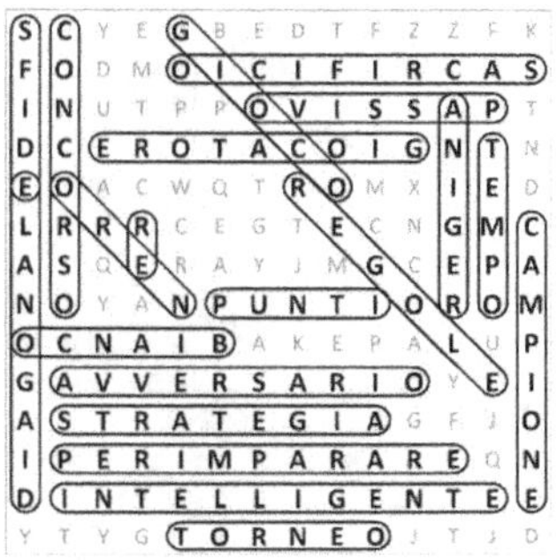

7 - Herboristerie

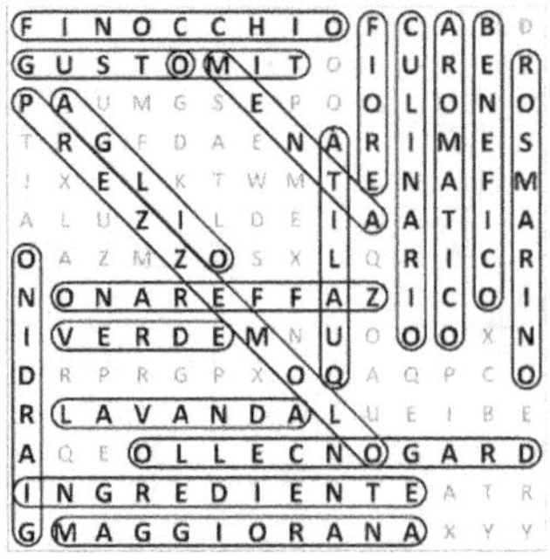

8 - Camping

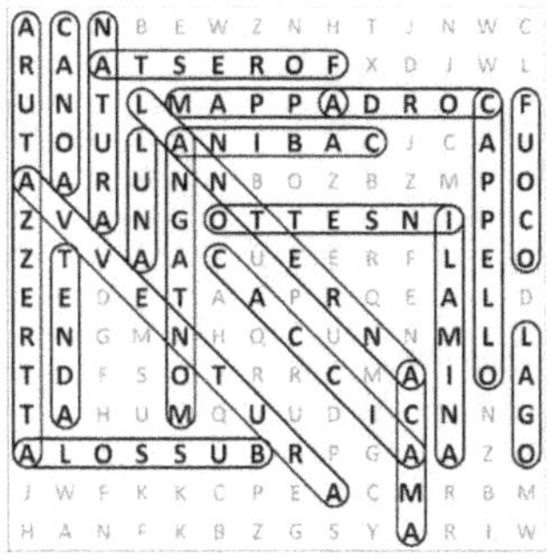

9 - Écologie

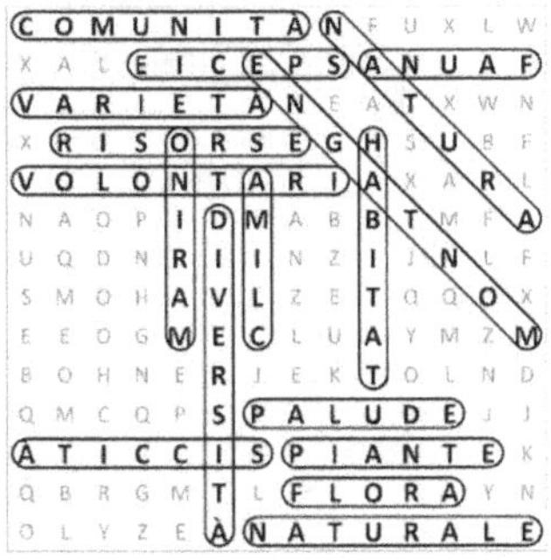

10 - Géométrie

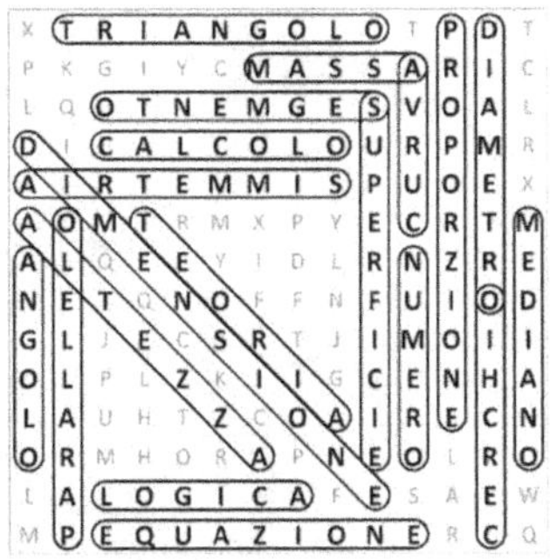

11 - Les Médias

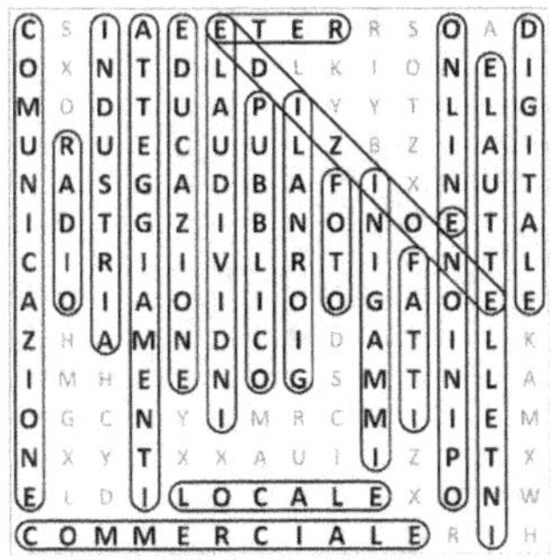

12 - Philanthropie

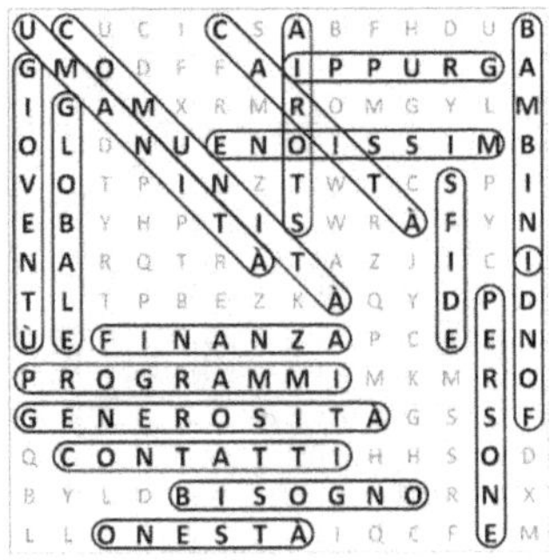

13 - Diplomatie

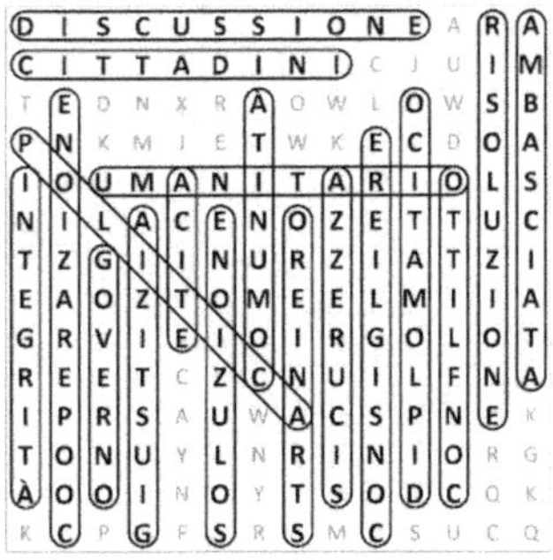

14 - Électricité

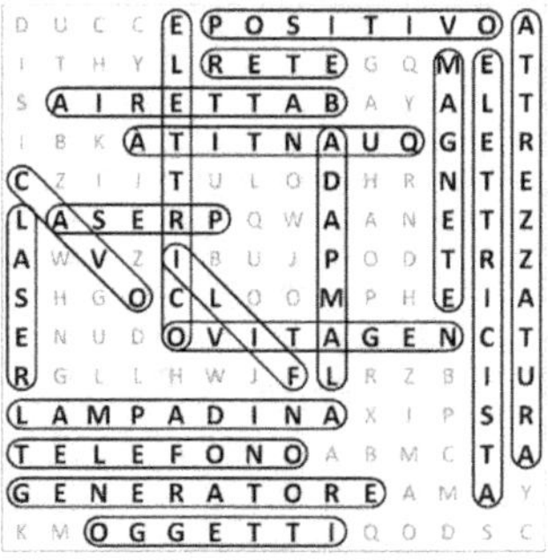

15 - Astronomie

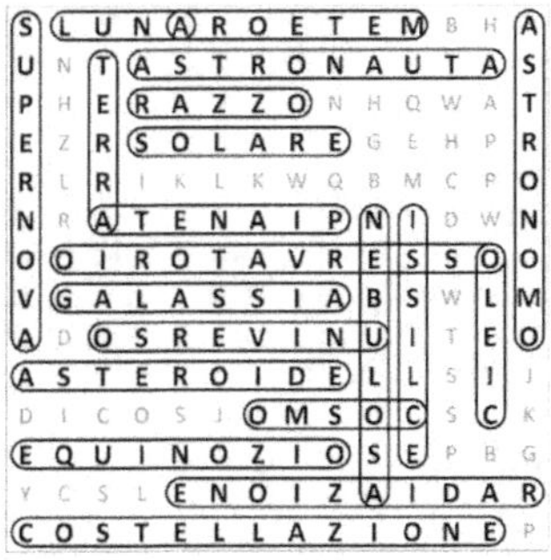

16 - Physique

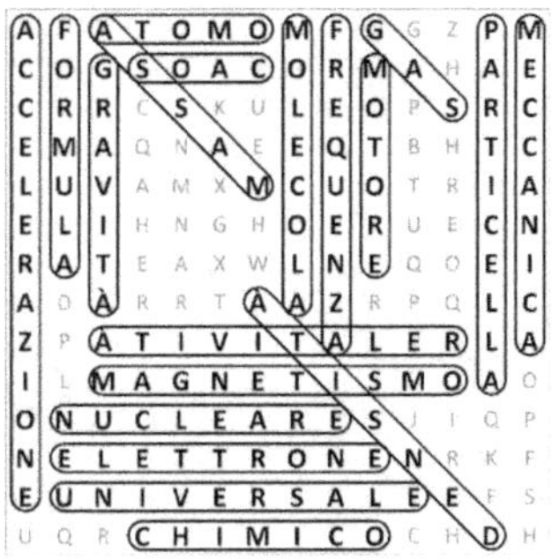

17 - Types de Cheveux

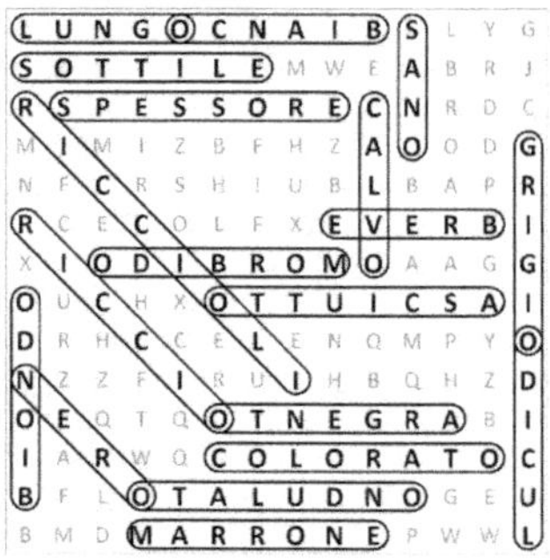

18 - Archéologie

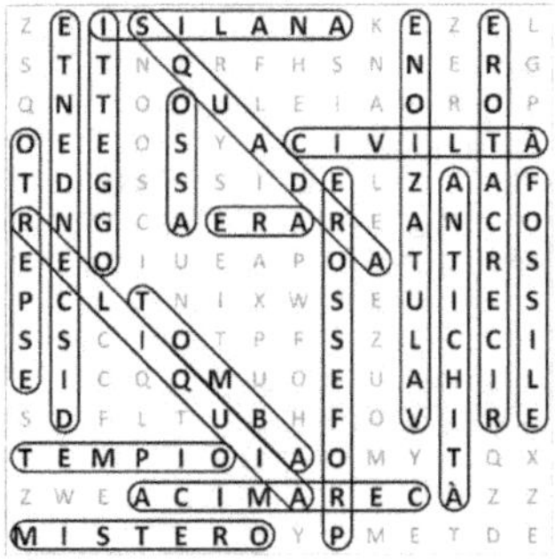

19 - Mammifères

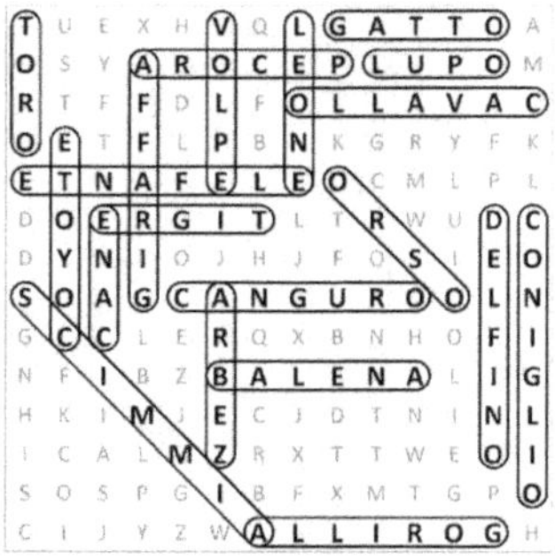

20 - Chocolat

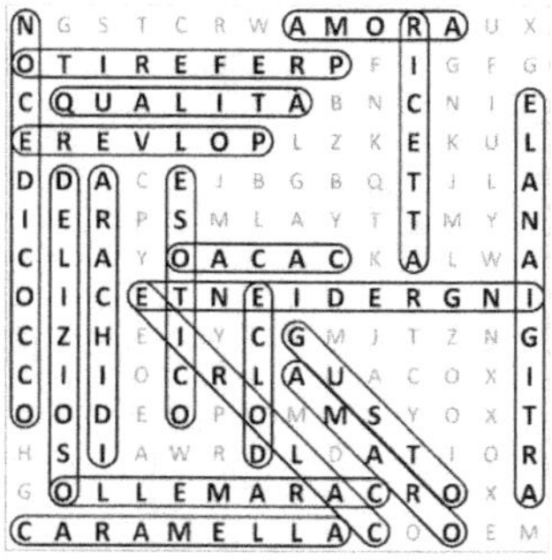

21 - Mathématiques

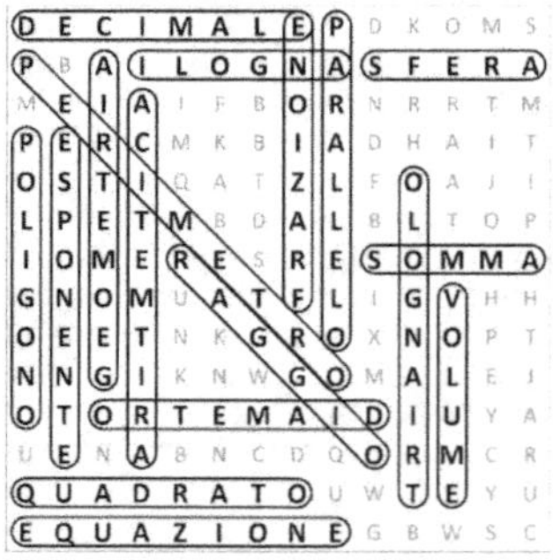

22 - Sport

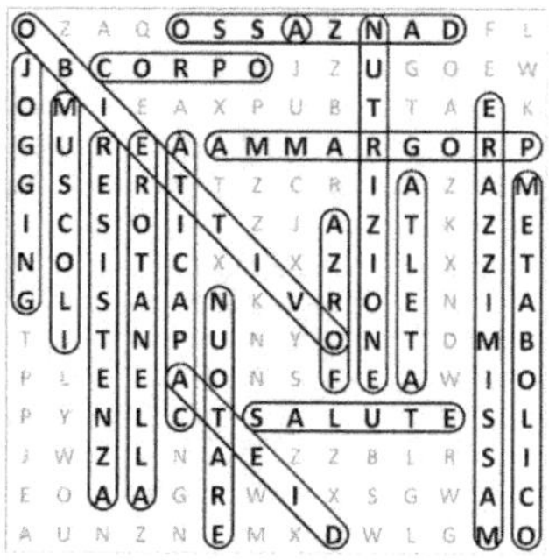

23 - Mythologie

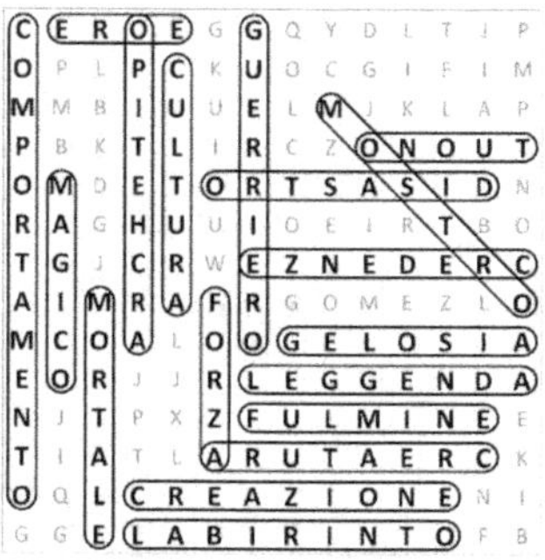

24 - Restaurant #2

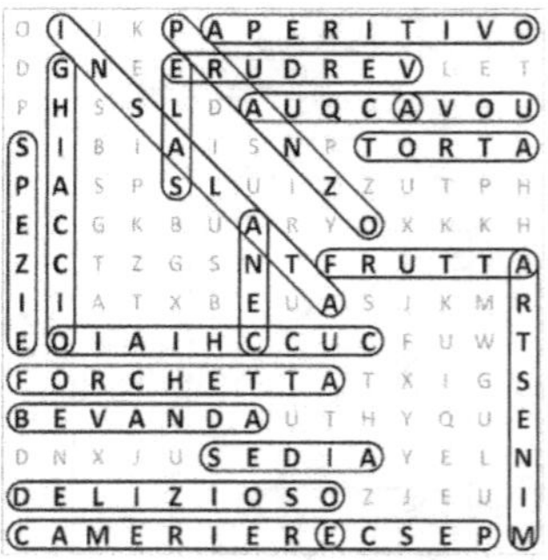

25 - Beauté

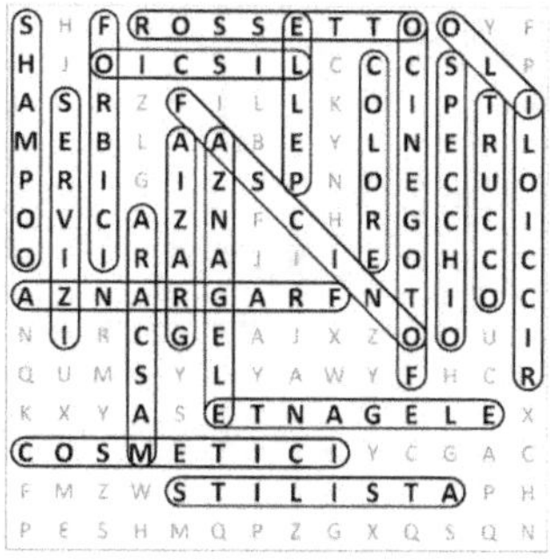

26 - Avions

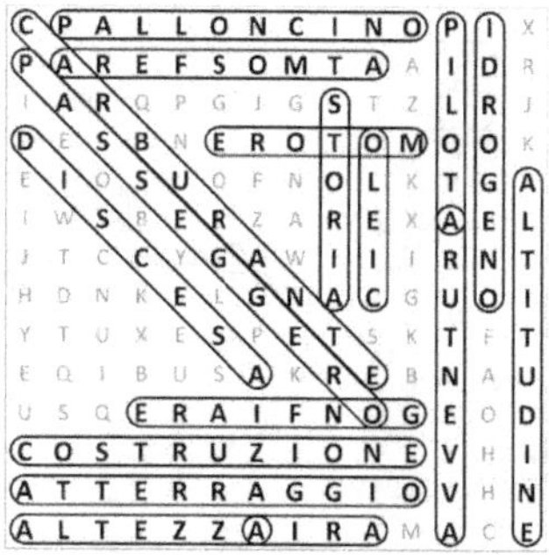

27 - Aventure

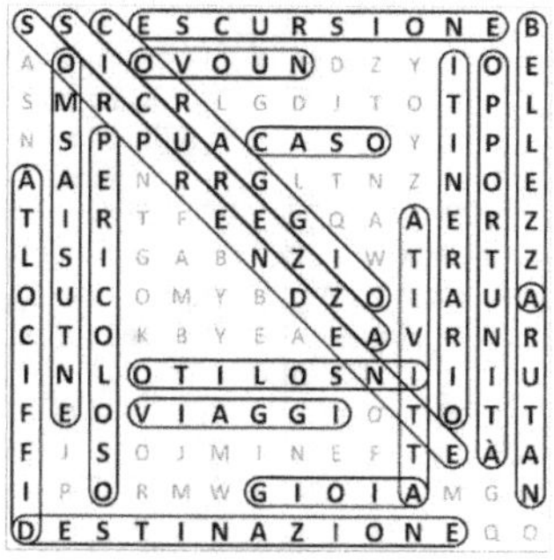

28 - Ville

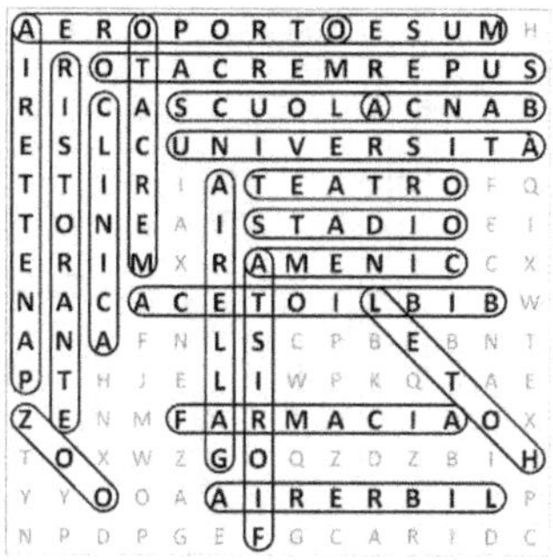

29 - Ingénierie

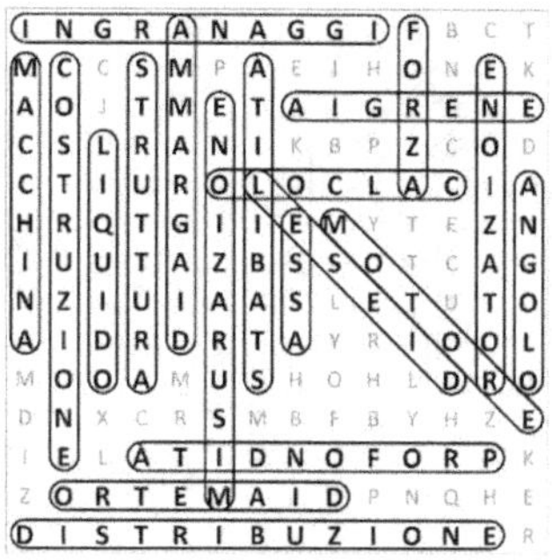

30 - Énergie

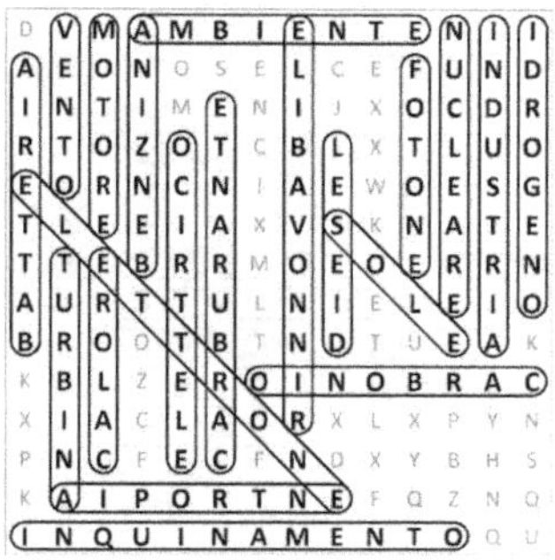

31 - Cuisine

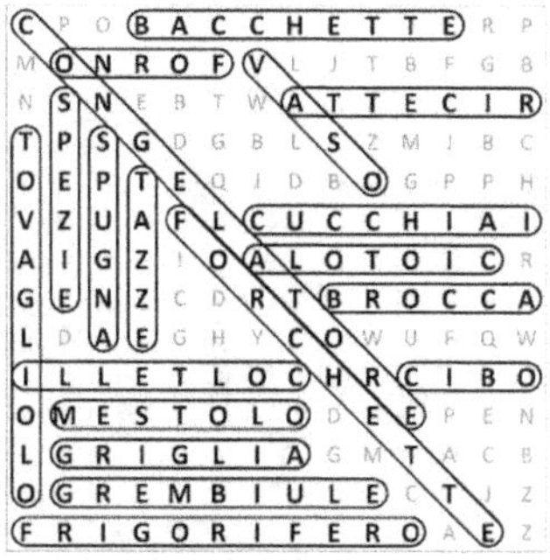

32 - Corps Humain

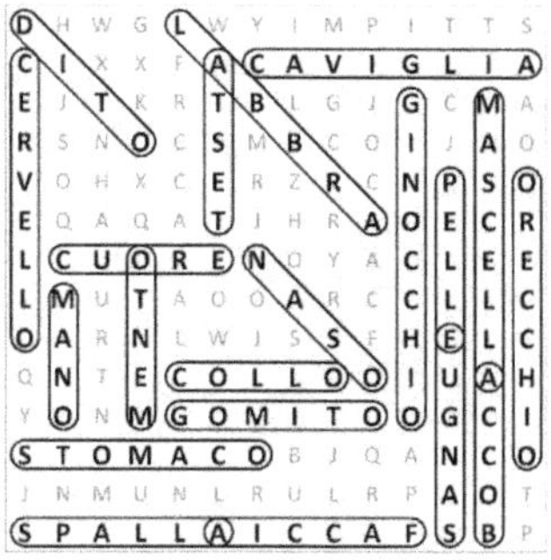

33 - Épices

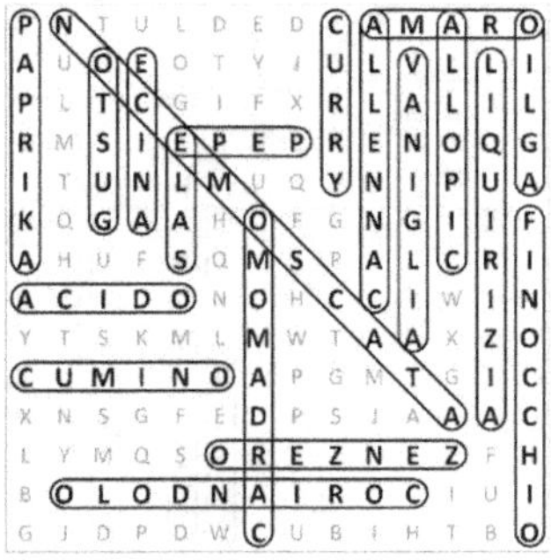

34 - Science

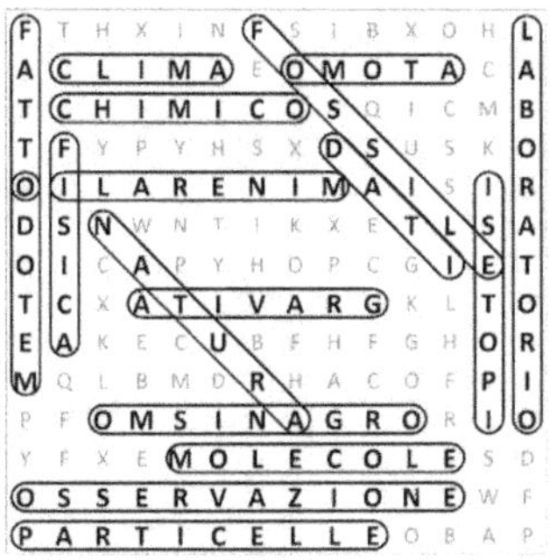

35 - Vêtements

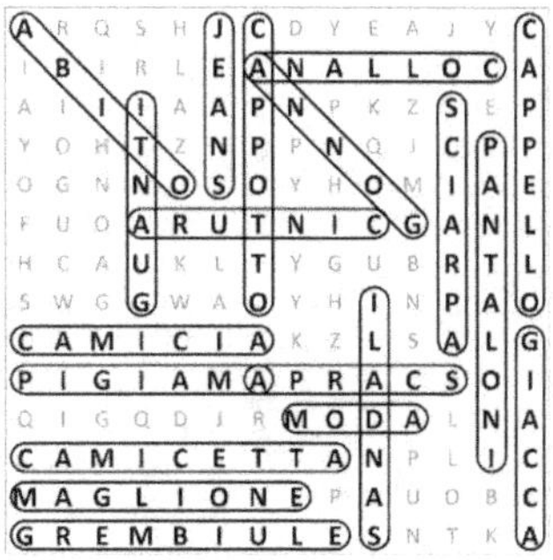

36 - Méditation

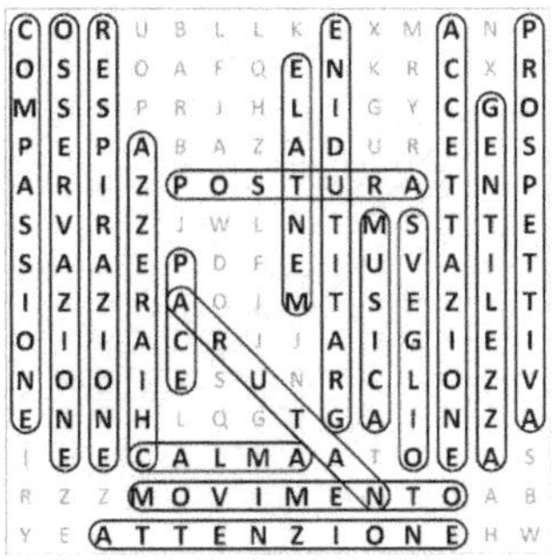

37 - Littérature

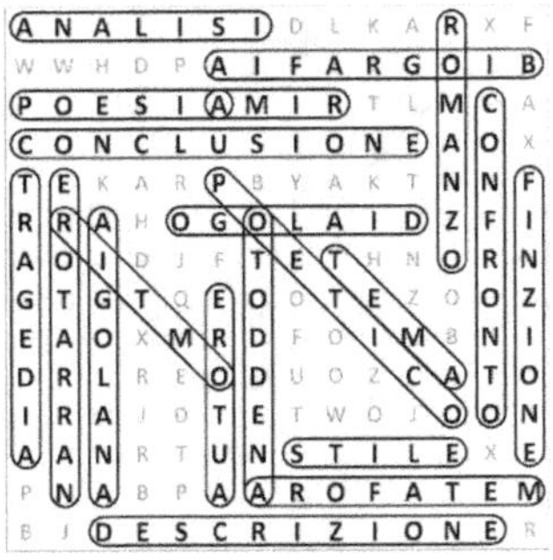

38 - Nourriture #1

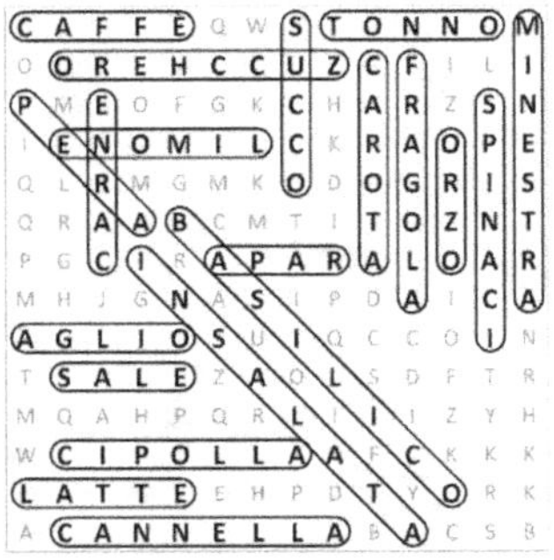

39 - Jours et Mois

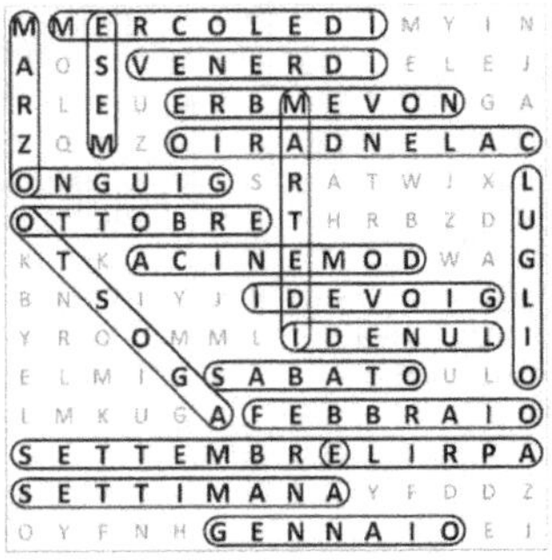

40 - Jardinage

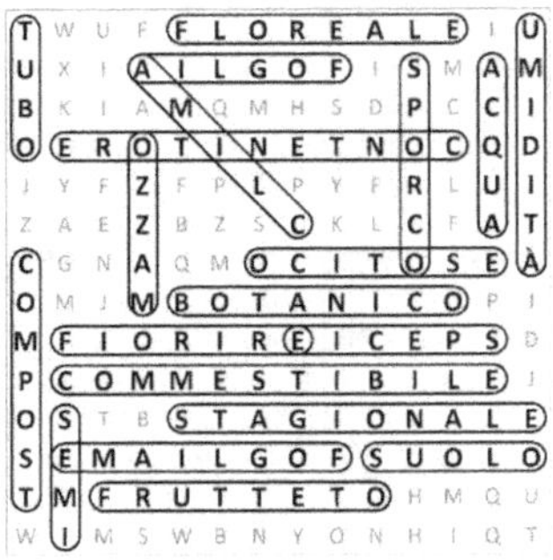

41 - Entreprise

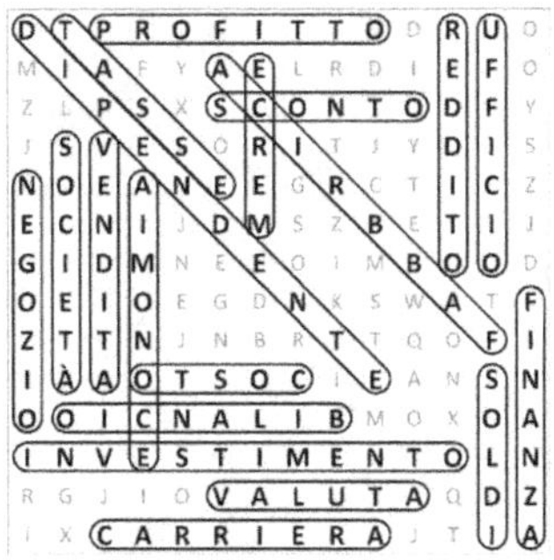

42 - Activités

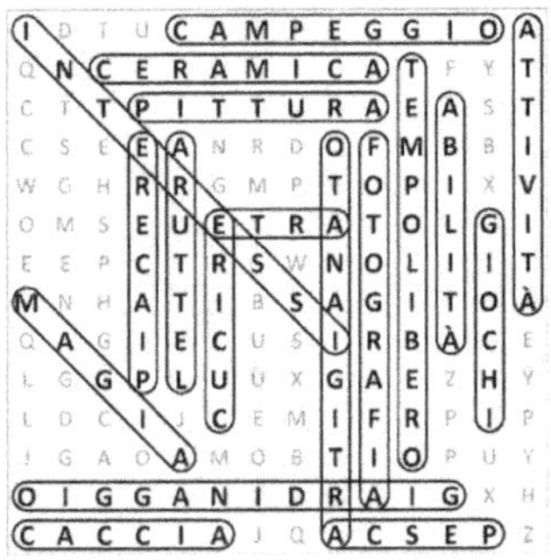

43 - Mode

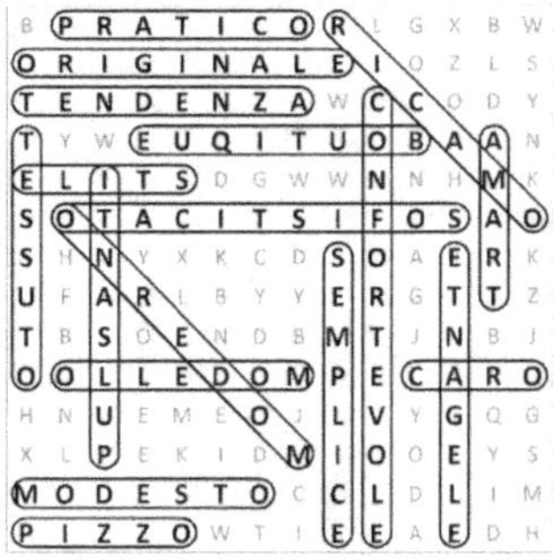

44 - Fleurs

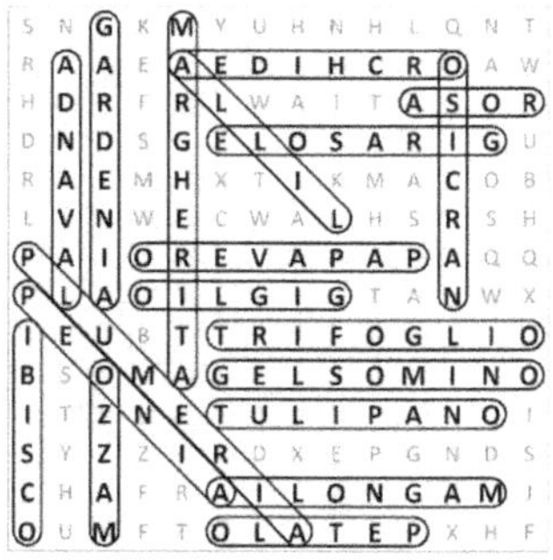

45 - Nourriture #2

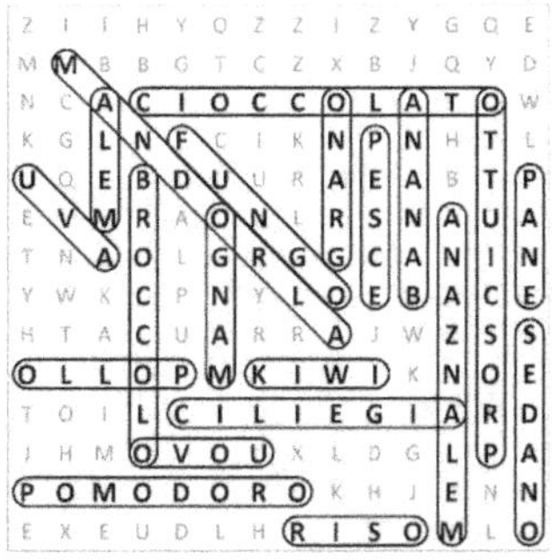

46 - Algèbre

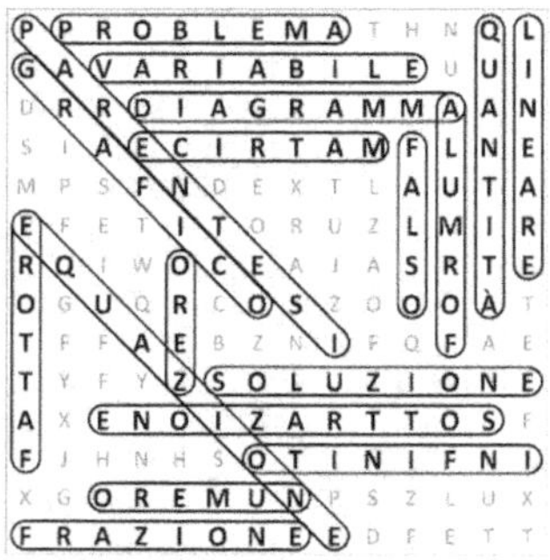

47 - Océan

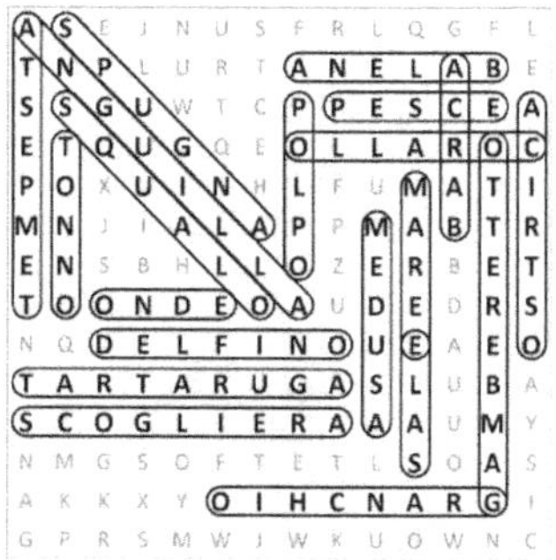

48 - Remplir

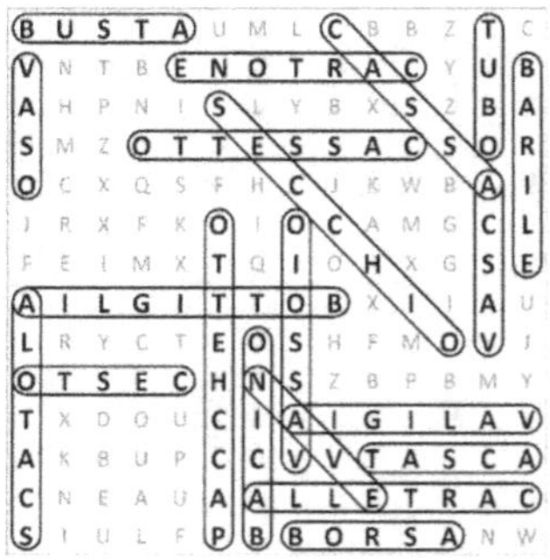

49 - Antiquités

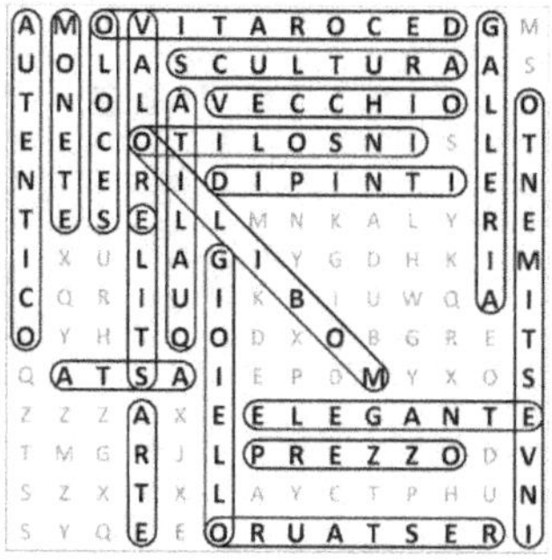

50 - Ballet

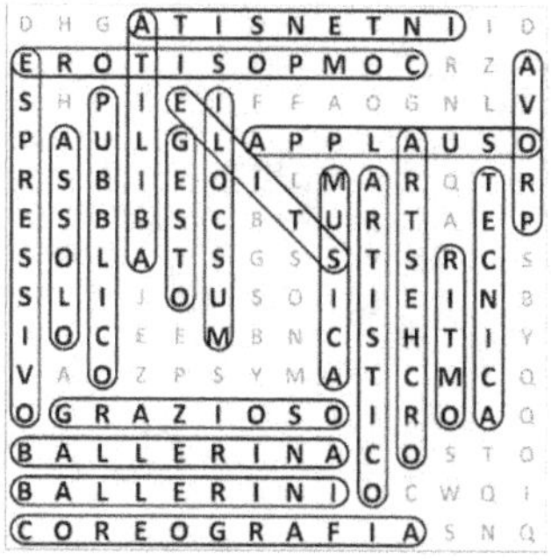

51 - Fruit

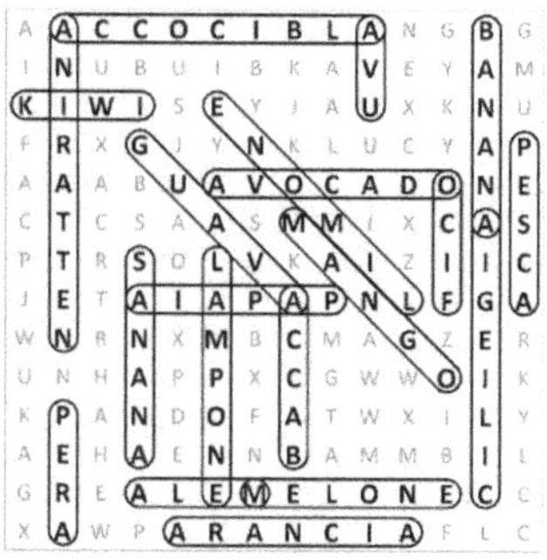

52 - Musique

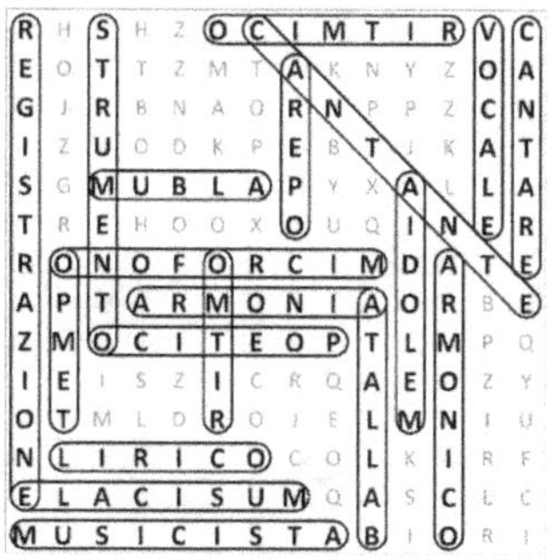

53 - L'Entreprise

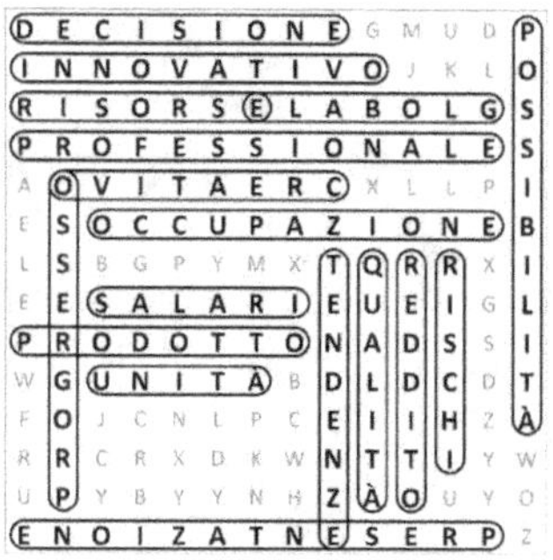

54 - Gouvernement

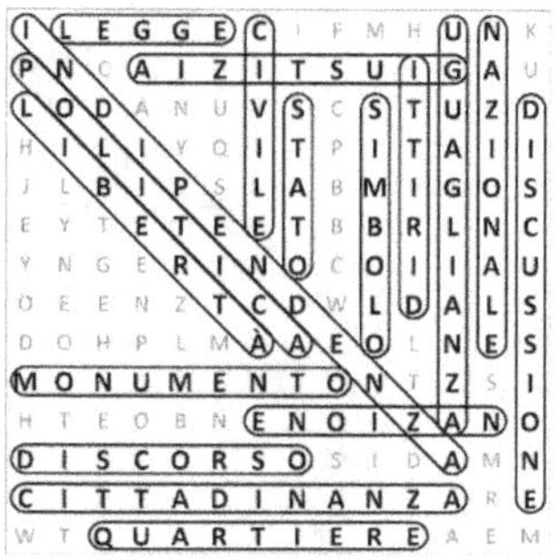

55 - Randonnée

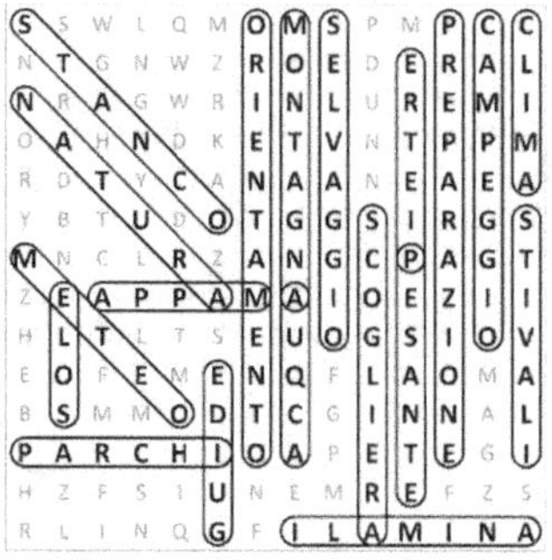

56 - Art

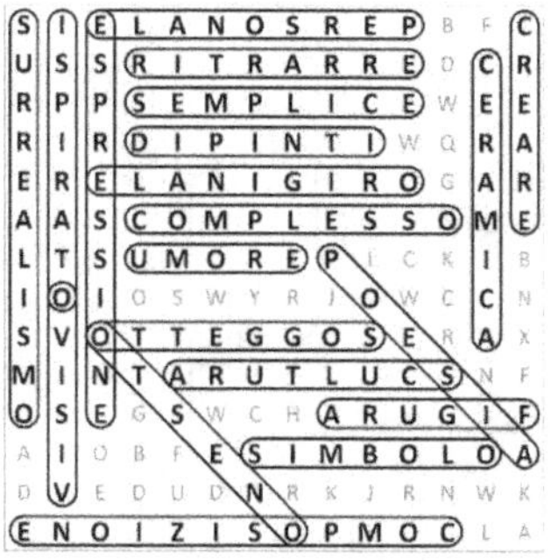

57 - Nutrition

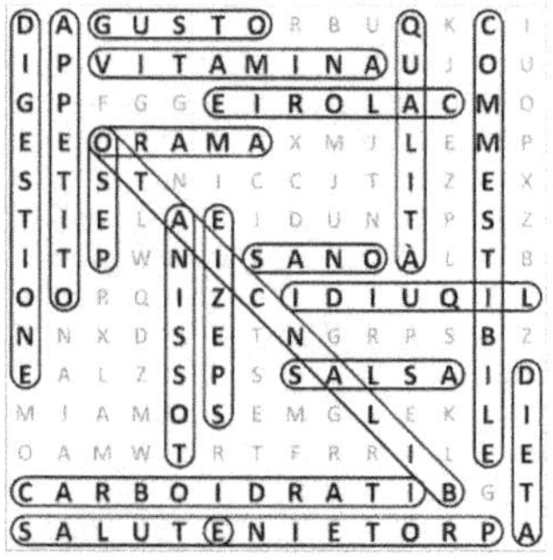

58 - Créativité

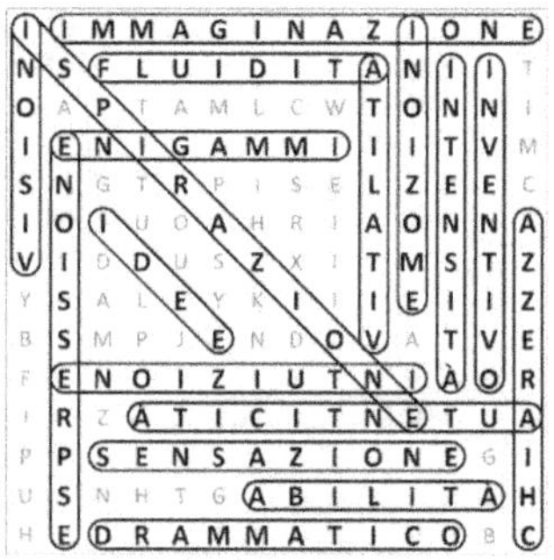

59 - Science Fiction

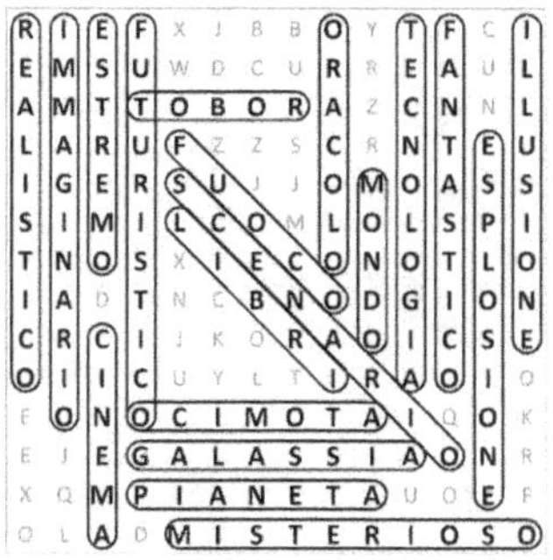

60 - Professions #1

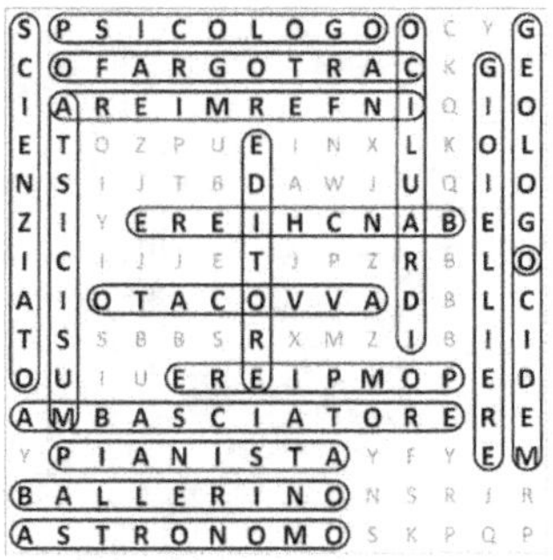

61 - Géologie

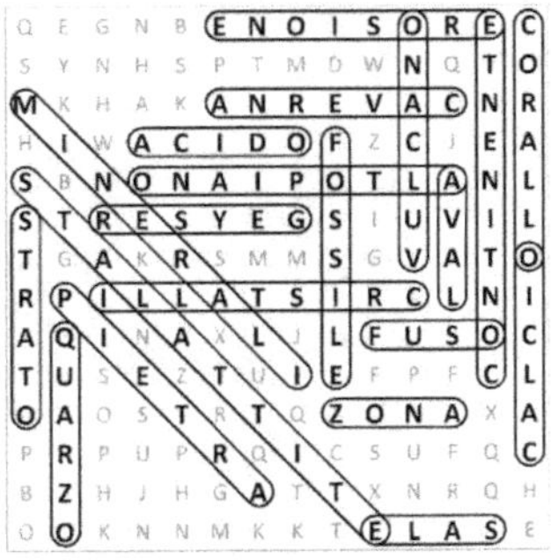

62 - Cirque

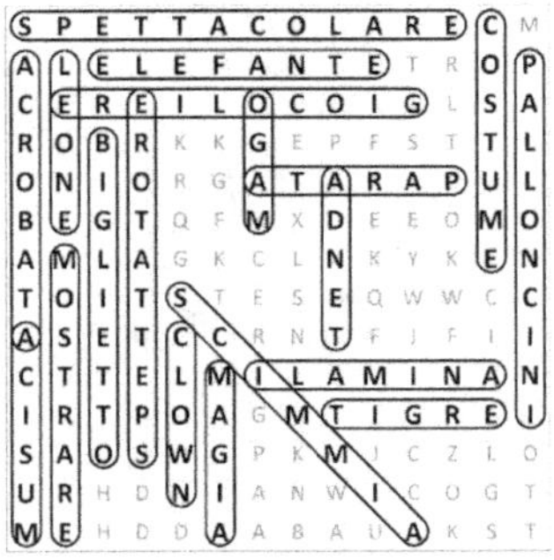

63 - Jardin

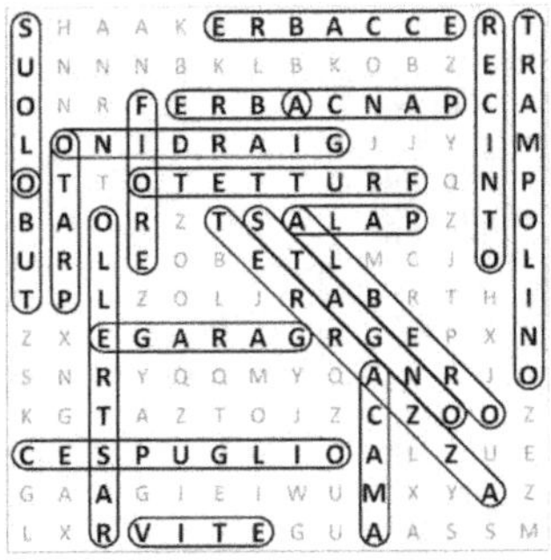

64 - Santé et Bien Être #1

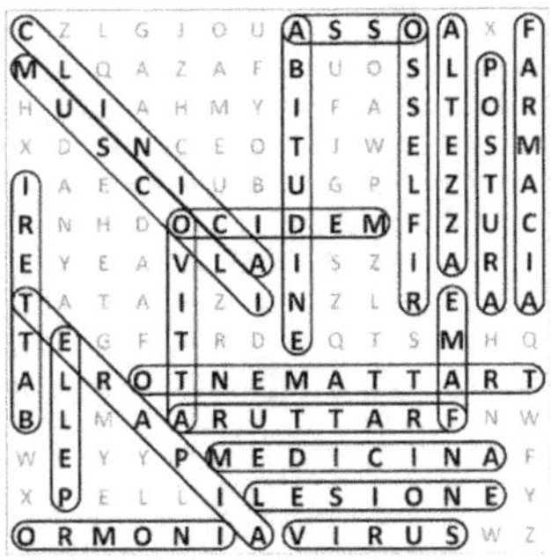

65 - Barbecues

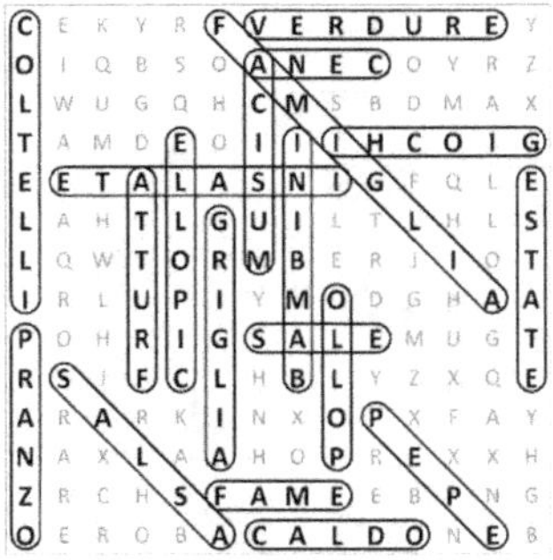

66 - Animaux de Compagnie

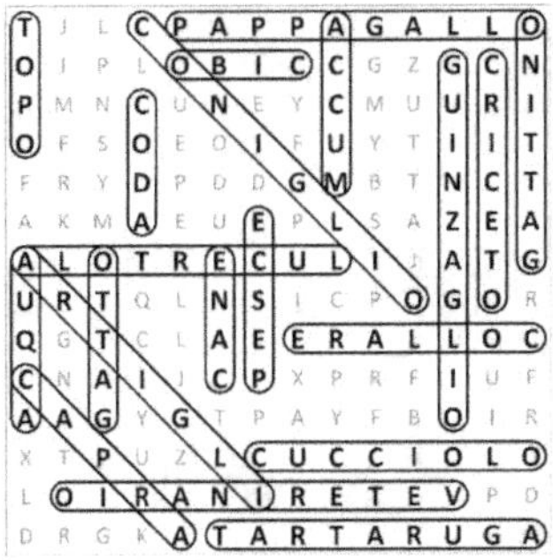

67 - Forêt Tropicale

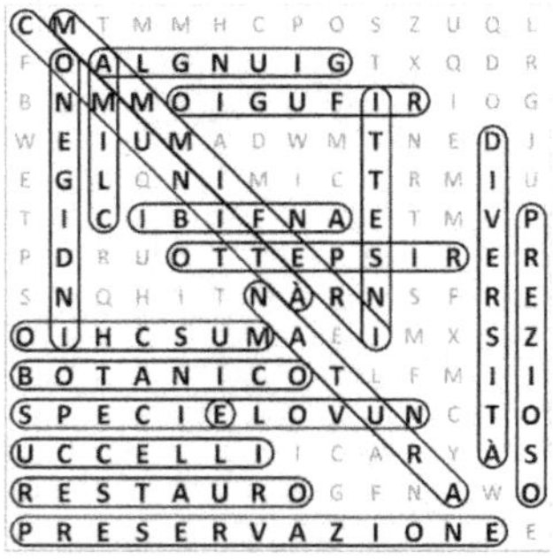

68 - Insectes

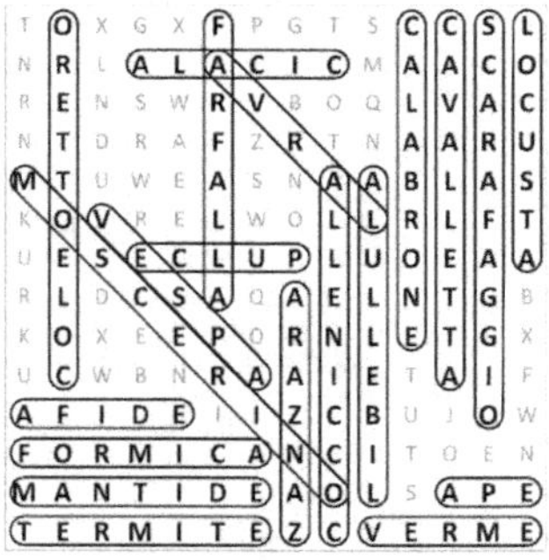

69 - Ferme #1

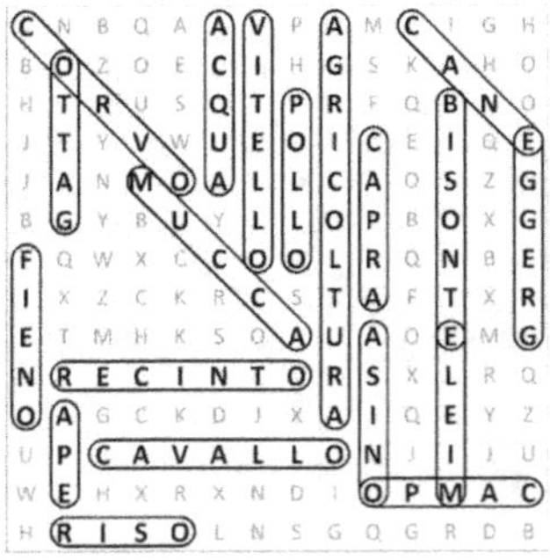

70 - Café

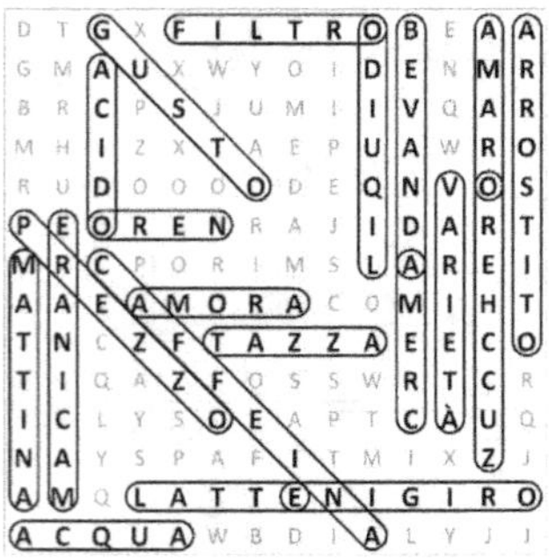

71 - Antarctique

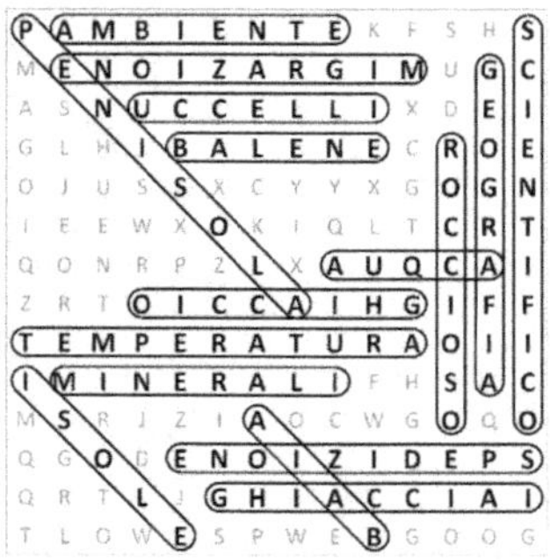

72 - Professions #2

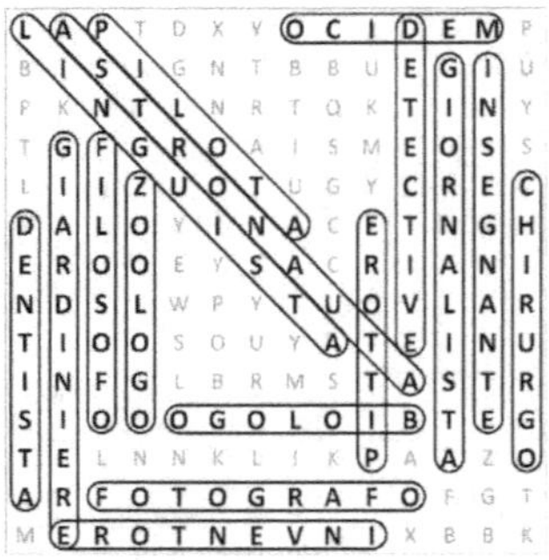

73 - Les Abeilles

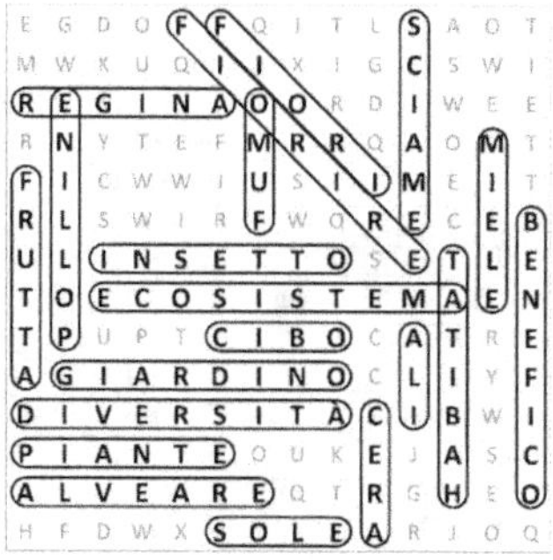

74 - Santé et Bien Être #2

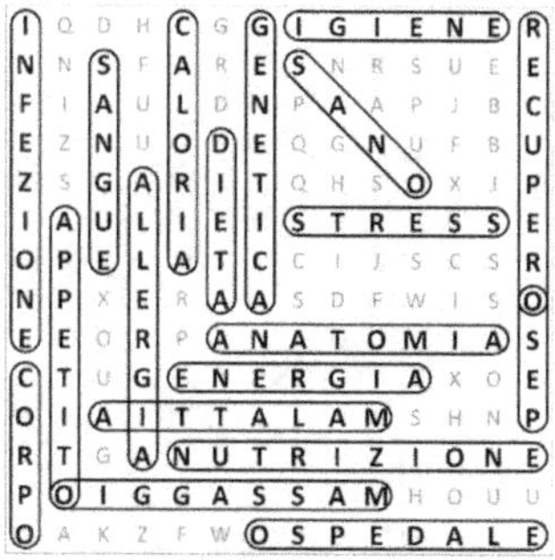

75 - Conduite

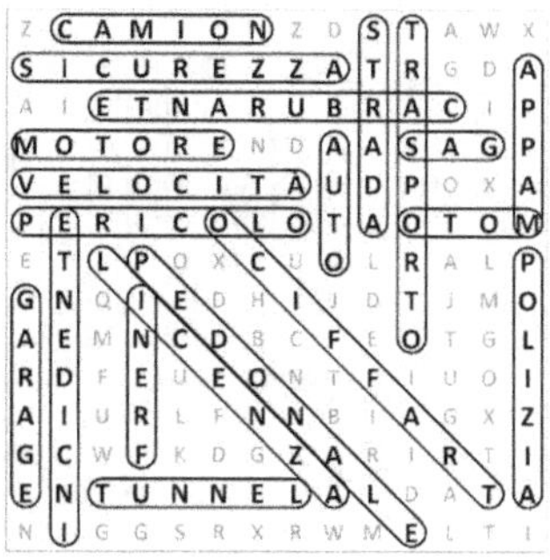

76 - Plantes

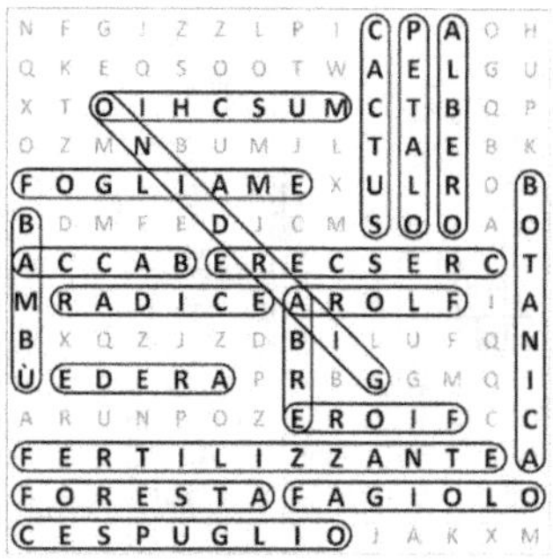

77 - Ferme #2

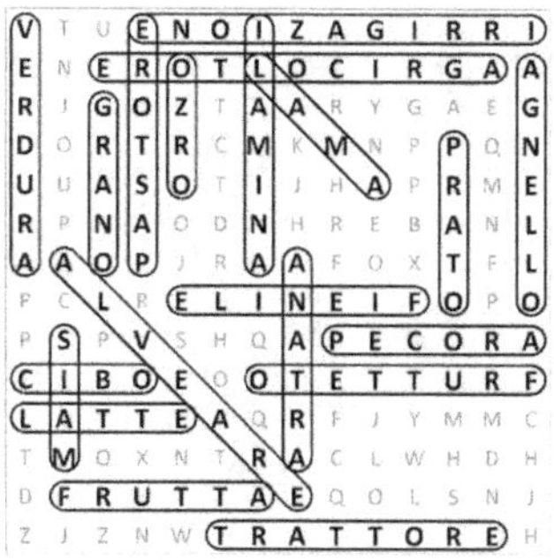

78 - Éthique

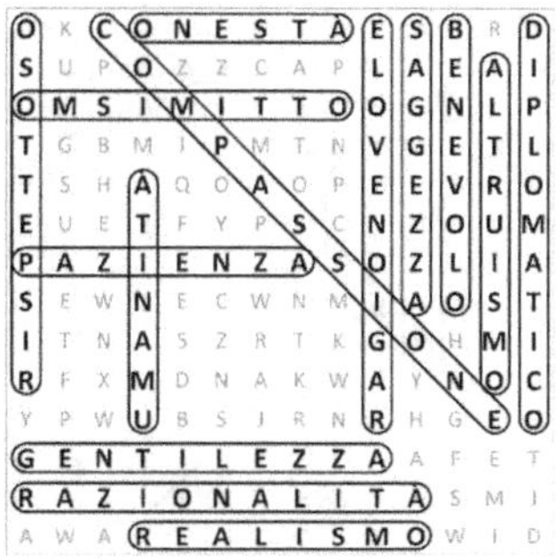

79 - Temps

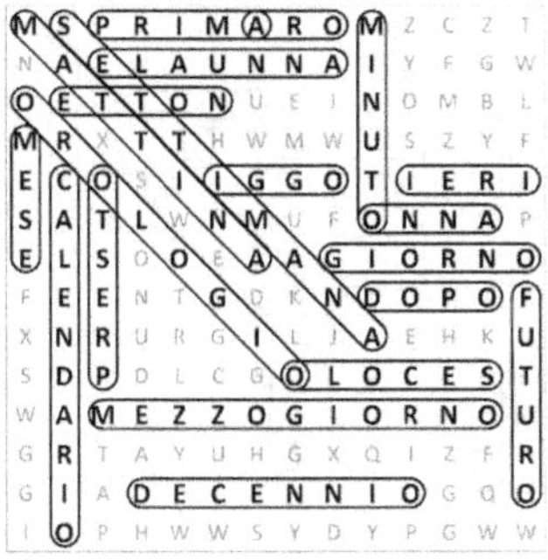

80 - Maison

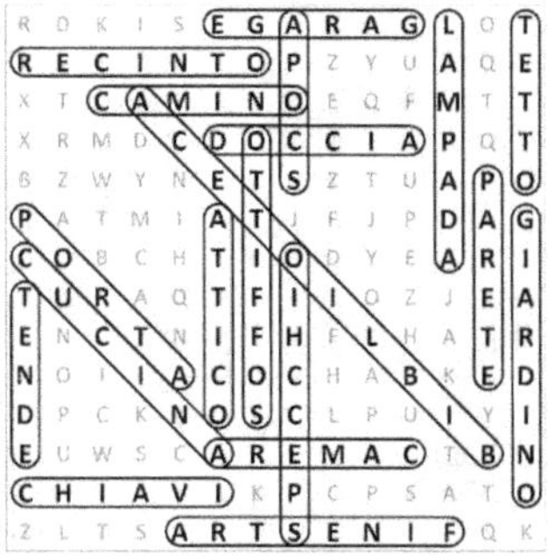

81 - Famille

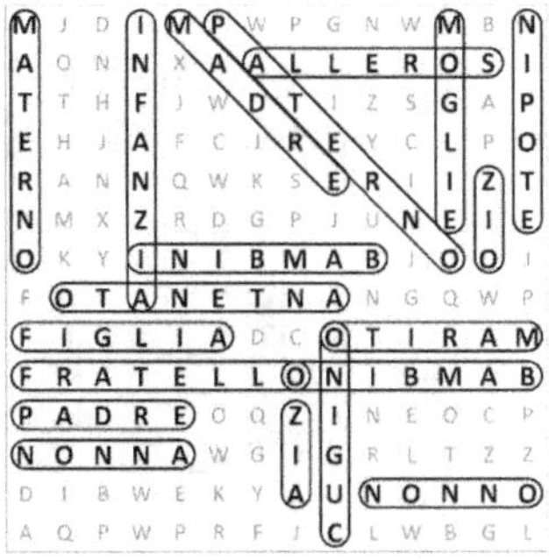

82 - Oiseaux

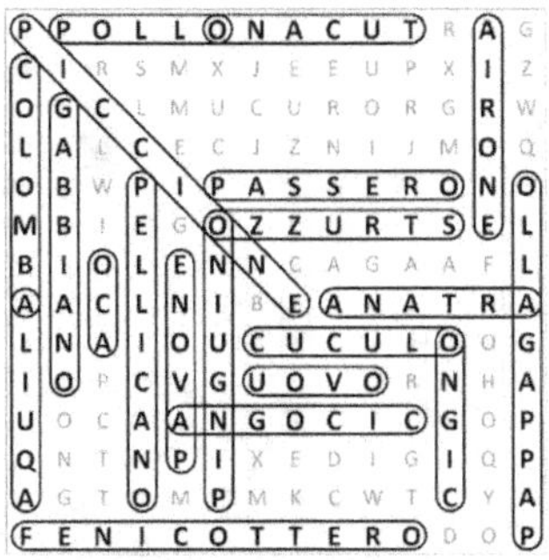

83 - Disciplines Scientifiques

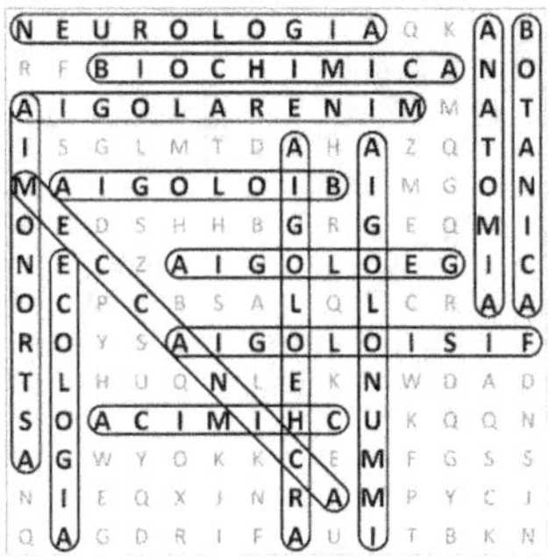

84 - Émotions

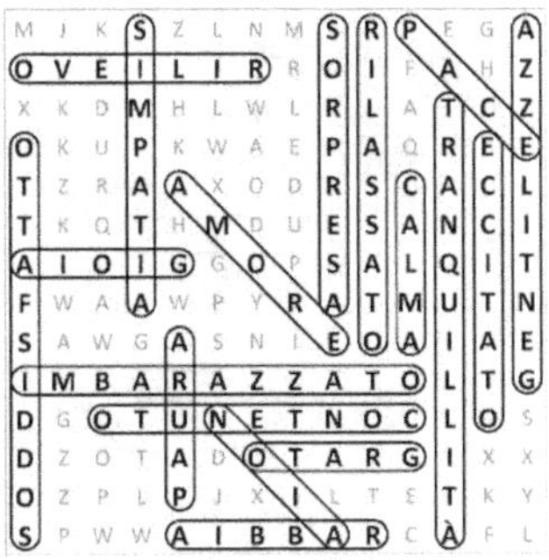

85 - Géographie

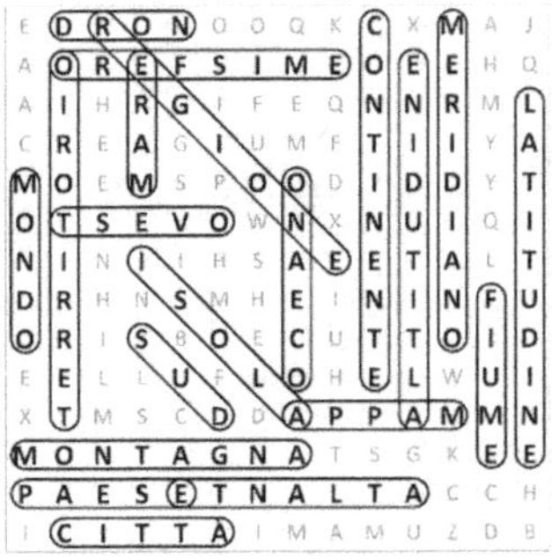

86 - Danse

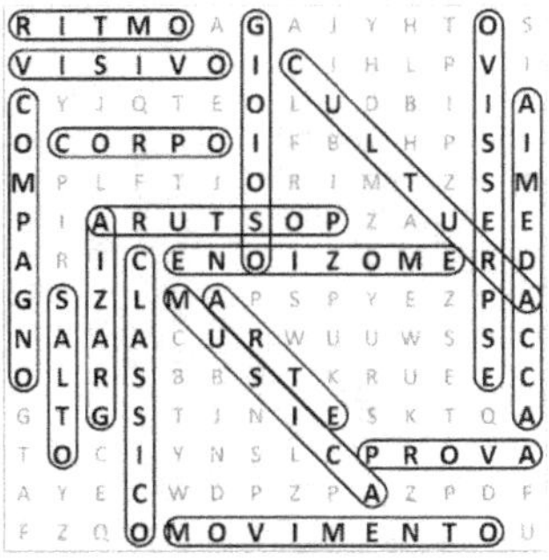

87 - Bâtiments

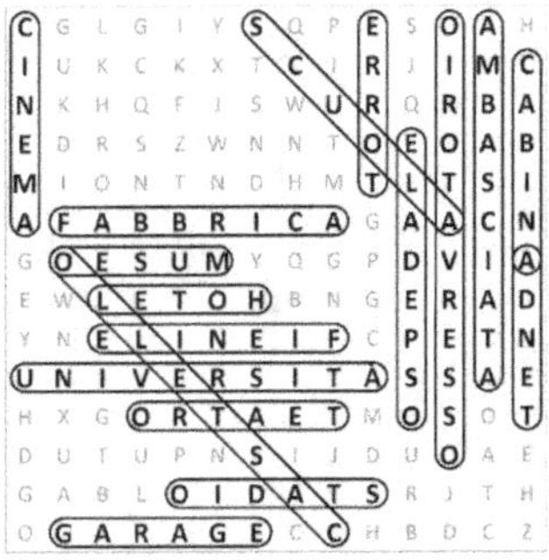

88 - Activités et Loisirs

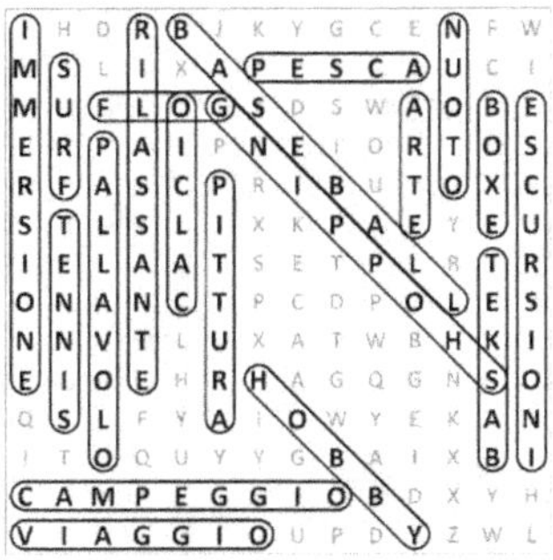

89 - Livres

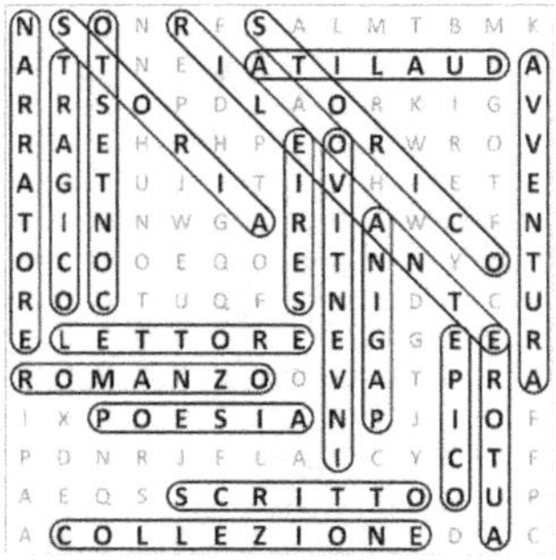

90 - Pays #2

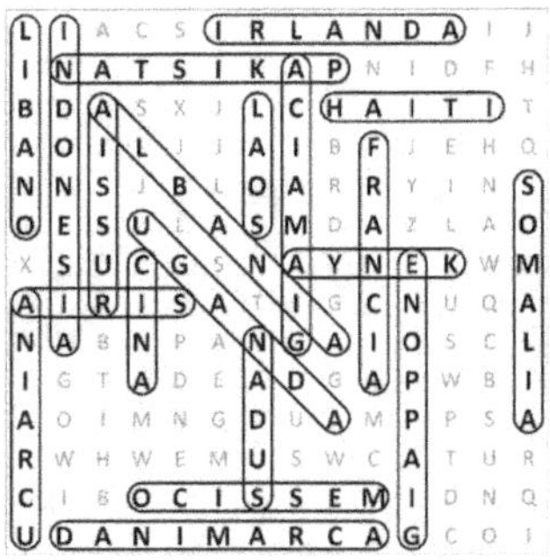

91 - Fournitures d'Art

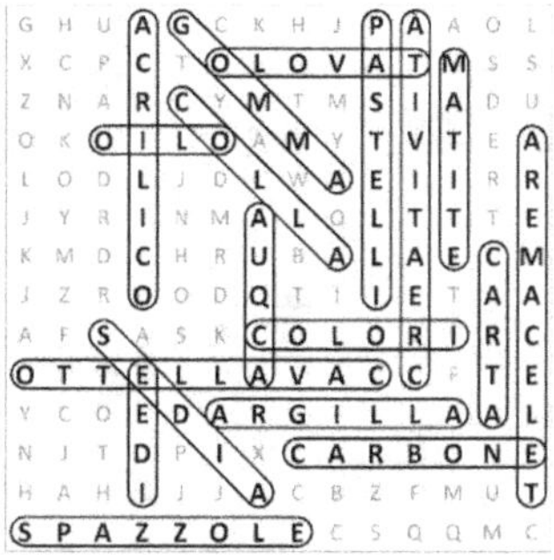

92 - Jazz

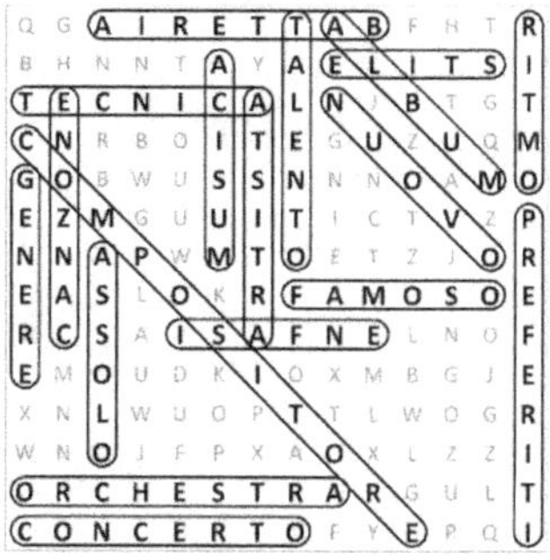

93 - Paysages

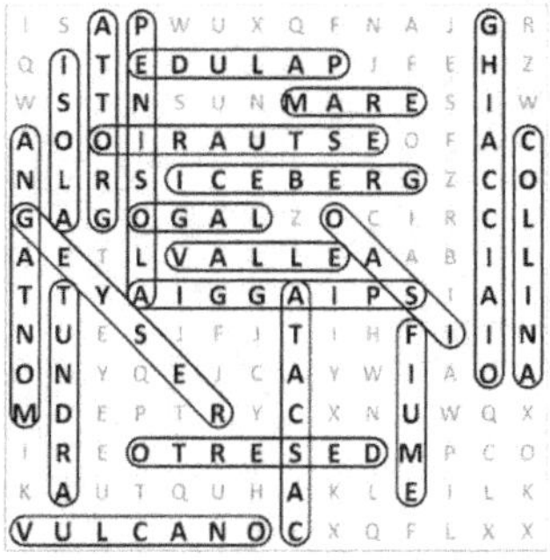

94 - Pays #1

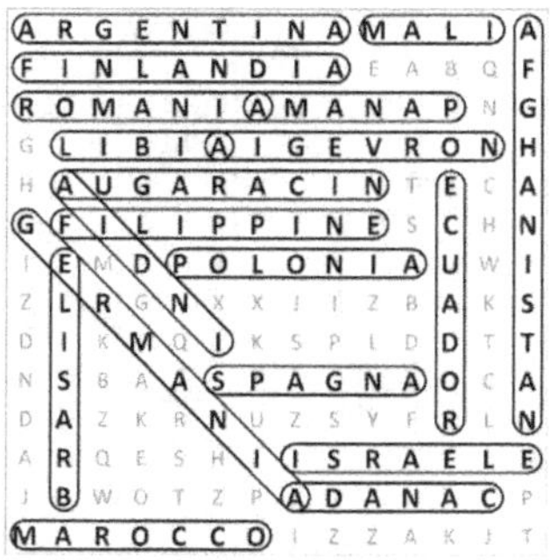

95 - Nombres

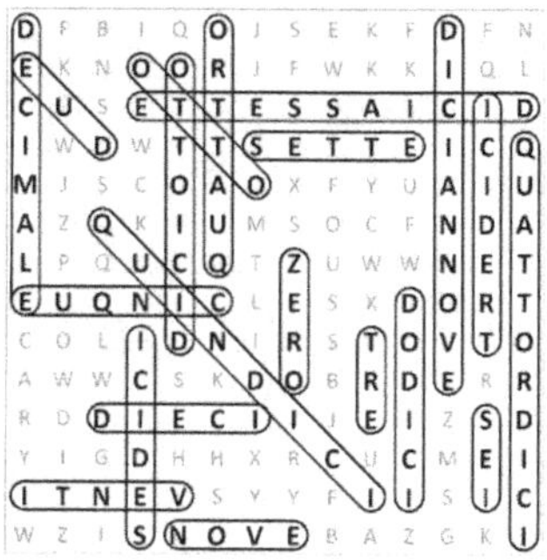

96 - Psychologie

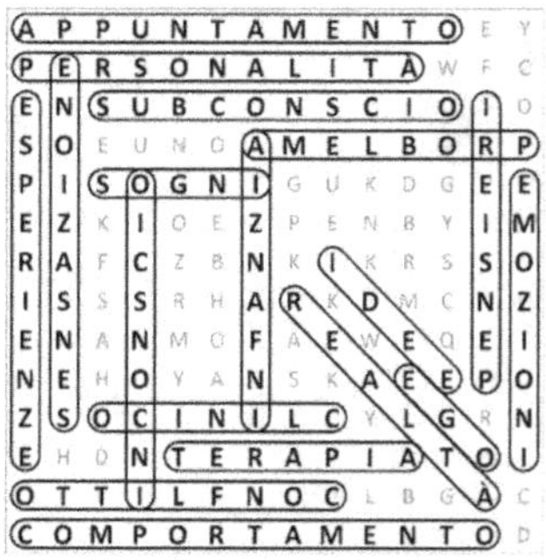

97 - Nature

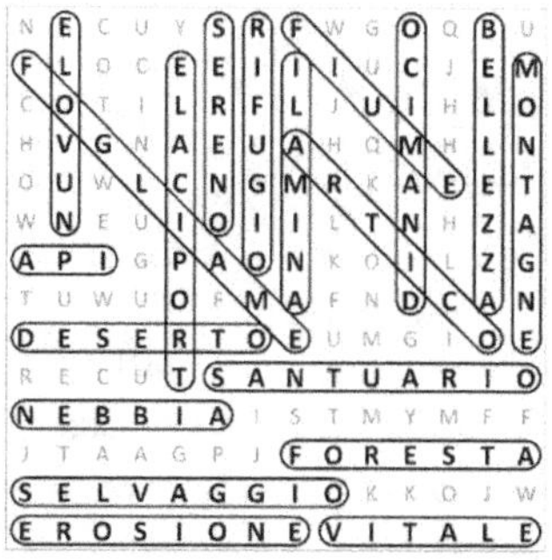

98 - Chimie

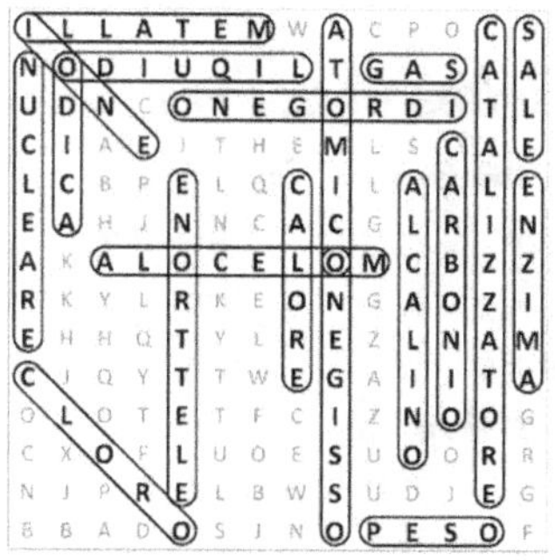

99 - Bateaux

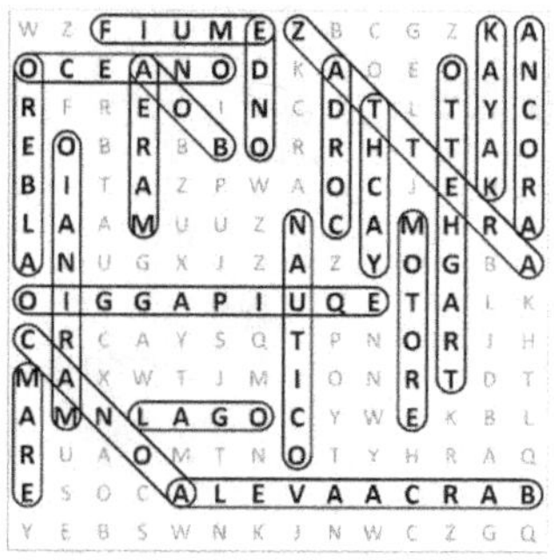

100 - Mesures

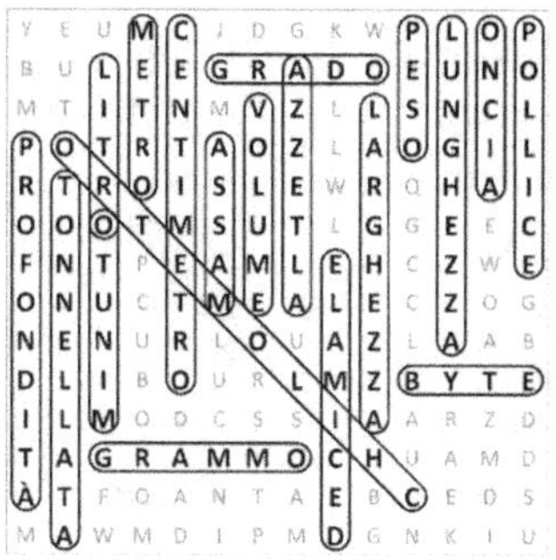

Dictionnaire

Activités
Attività

Activité	Attività
Art	Arte
Artisanat	Artigianato
Camping	Campeggio
Céramique	Ceramica
Chasse	Caccia
Compétence	Abilità
Couture	Cucire
Intérêts	Interessi
Jardinage	Giardinaggio
Jeux	Giochi
Lecture	Lettura
Loisir	Tempo Libero
Magie	Magia
Peinture	Pittura
Pêche	Pesca
Photographie	Fotografia
Plaisir	Piacere
Randonnée	Escursioni
Relaxation	Rilassamento

Activités et Loisirs
Attività e Tempo Libero

Achats	Shopping
Art	Arte
Base-Ball	Baseball
Basket-Ball	Basket
Boxe	Boxe
Camping	Campeggio
Football	Calcio
Golf	Golf
Jardinage	Giardinaggio
Nager	Nuoto
Passe-Temps	Hobby
Peinture	Pittura
Pêche	Pesca
Plongée	Immersione
Randonnée	Escursioni
Relaxant	Rilassante
Surf	Surf
Tennis	Tennis
Volley-Ball	Pallavolo
Voyage	Viaggio

Adjectifs #1
Aggettivi #1

Absolu	Assoluto
Actif	Attivo
Ambitieux	Ambizioso
Aromatique	Aromatico
Artistique	Artistico
Attractif	Attraente
Beau	Bello
Exotique	Esotico
Énorme	Enorme
Généreux	Generoso
Honnête	Onesto
Identique	Identico
Important	Importante
Innocent	Innocente
Jeune	Giovane
Lent	Lento
Lourd	Pesante
Mince	Sottile
Moderne	Moderno
Parfait	Perfetto

Adjectifs #2
Aggettivi #2

Authentique	Autentico
Célèbre	Famoso
Créatif	Creativo
Descriptif	Descrittivo
Doué	Dotato
Dramatique	Drammatico
Élégant	Elegante
Fier	Orgoglioso
Fort	Forte
Intéressant	Interessante
Naturel	Naturale
Nouveau	Nuovo
Productif	Produttivo
Puissant	Potente
Pur	Puro
Responsable	Responsabile
Sain	Sano
Salé	Salato
Sauvage	Selvaggio
Sec	Asciutto

Algèbre
Algebra

Diagramme	Diagramma
Exposant	Esponente
Équation	Equazione
Facteur	Fattore
Faux	Falso
Formule	Formula
Fraction	Frazione
Graphique	Grafico
Infini	Infinito
Linéaire	Lineare
Matrice	Matrice
Nombre	Numero
Parenthèse	Parentesi
Problème	Problema
Quantité	Quantità
Simplifier	Semplificare
Solution	Soluzione
Soustraction	Sottrazione
Variable	Variabile
Zéro	Zero

Animaux de Compagnie
Animali Domestici

Chat	Gatto
Chaton	Gattino
Chèvre	Capra
Chien	Cane
Chiot	Cucciolo
Collier	Collare
Eau	Acqua
Griffes	Artigli
Hamster	Criceto
Laisse	Guinzaglio
Lapin	Coniglio
Lézard	Lucertola
Nourriture	Cibo
Perroquet	Pappagallo
Poisson	Pesce
Queue	Coda
Souris	Topo
Tortue	Tartaruga
Vache	Mucca
Vétérinaire	Veterinario

Antarctique
Antartide

Baie	Baia
Baleines	Balene
Chercheur	Ricercatore
Conservation	Conservazione
Continent	Continente
Eau	Acqua
Environnement	Ambiente
Expédition	Spedizione
Géographie	Geografia
Glace	Ghiaccio
Glaciers	Ghiacciai
Îles	Isole
Migration	Migrazione
Minéraux	Minerali
Oiseaux	Uccelli
Péninsule	Penisola
Rocheux	Roccioso
Scientifique	Scientifico
Température	Temperatura
Topographie	Topografia

Antiquités
Antiquariato

Art	Arte
Authentique	Autentico
Bijoux	Gioiello
Décoratif	Decorativo
Enchères	Asta
Élégant	Elegante
Galerie	Galleria
Inhabituel	Insolito
Investissement	Investimento
Meubles	Mobilio
Peintures	Dipinti
Pièces	Monete
Prix	Prezzo
Qualité	Qualità
Restauration	Restauro
Sculpture	Scultura
Siècle	Secolo
Style	Stile
Valeur	Valore
Vieux	Vecchio

Archéologie
Archeologia

Analyse	Analisi
Antiquité	Antichità
Chercheur	Ricercatore
Civilisation	Civiltà
Descendant	Discendente
Expert	Esperto
Ère	Era
Équipe	Squadra
Évaluation	Valutazione
Fossile	Fossile
Inconnu	Sconosciuto
Mystère	Mistero
Objets	Oggetti
Os	Ossa
Oublié	Dimenticato
Poterie	Ceramica
Professeur	Professore
Relique	Reliquia
Temple	Tempio
Tombe	Tomba

Art
Arte

Céramique	Ceramica
Complexe	Complesso
Composition	Composizione
Créer	Creare
Dépeindre	Ritrarre
Expression	Espressione
Figure	Figura
Honnête	Onesto
Humeur	Umore
Inspiré	Ispirato
Original	Originale
Peintures	Dipinti
Personnel	Personale
Poésie	Poesia
Sculpture	Scultura
Simple	Semplice
Sujet	Soggetto
Surréalisme	Surrealismo
Symbole	Simbolo
Visuel	Visivo

Astronomie
Astronomia

Astéroïde	Asteroide
Astronaute	Astronauta
Astronome	Astronomo
Ciel	Cielo
Constellation	Costellazione
Cosmos	Cosmo
Éclipse	Eclissi
Équinoxe	Equinozio
Fusée	Razzo
Galaxie	Galassia
Lune	Luna
Météore	Meteora
Nébuleuse	Nebulosa
Observatoire	Osservatorio
Planète	Pianeta
Radiation	Radiazione
Solaire	Solare
Supernova	Supernova
Terre	Terra
Univers	Universo

Aventure
Avventura

Activité	Attività
Beauté	Bellezza
Bravoure	Coraggio
Chance	Caso
Dangereux	Pericoloso
Destination	Destinazione
Difficulté	Difficoltà
Enthousiasme	Entusiasmo
Excursion	Escursione
Inhabituel	Insolito
Itinéraire	Itinerario
Joie	Gioia
Nature	Natura
Navigation	Navigazione
Nouveau	Nuovo
Opportunité	Opportunità
Préparation	Preparazione
Sécurité	Sicurezza
Surprenant	Sorprendente
Voyages	Viaggi

Avions
Aeroplani

Air	Aria
Altitude	Altitudine
Atmosphère	Atmosfera
Atterrissage	Atterraggio
Aventure	Avventura
Ballon	Palloncino
Carburant	Carburante
Ciel	Cielo
Construction	Costruzione
Descente	Discesa
Direction	Direzione
Équipage	Equipaggio
Gonfler	Gonfiare
Hauteur	Altezza
Histoire	Storia
Hydrogène	Idrogeno
Moteur	Motore
Passager	Passeggero
Pilote	Pilota
Turbulence	Turbolenza

Ballet
Balletto

Applaudissement	Applauso
Artistique	Artistico
Ballerine	Ballerina
Chorégraphie	Coreografia
Compétence	Abilità
Compositeur	Compositore
Danseurs	Ballerini
Expressif	Espressivo
Geste	Gesto
Gracieux	Grazioso
Intensité	Intensità
Muscles	Muscoli
Musique	Musica
Orchestre	Orchestra
Public	Pubblico
Répétition	Prova
Rythme	Ritmo
Solo	Assolo
Style	Stile
Technique	Tecnica

Barbecues
Barbecue

Chaud	Caldo
Couteaux	Coltelli
Déjeuner	Pranzo
Dîner	Cena
Enfants	Bambini
Été	Estate
Faim	Fame
Famille	Famiglia
Fruit	Frutta
Gril	Griglia
Jeux	Giochi
Légumes	Verdure
Musique	Musica
Oignons	Cipolle
Poivre	Pepe
Poulet	Pollo
Salades	Insalate
Sauce	Salsa
Sel	Sale
Tomates	Pomodori

Bateaux
Imbarcazioni

Ancre	Ancora
Bouée	Boa
Canoë	Canoa
Corde	Corda
Équipage	Equipaggio
Ferry	Traghetto
Fleuve	Fiume
Kayak	Kayak
Lac	Lago
Marée	Marea
Marin	Marinaio
Mât	Albero
Mer	Mare
Moteur	Motore
Nautique	Nautico
Océan	Oceano
Radeau	Zattera
Vagues	Onde
Voilier	Barca a Vela
Yacht	Yacht

Bâtiments
Edifici

Ambassade	Ambasciata
Appartement	Appartamento
Cabine	Cabina
Château	Castello
Cinéma	Cinema
École	Scuola
Garage	Garage
Grange	Fienile
Hôpital	Ospedale
Hôtel	Hotel
Laboratoire	Laboratorio
Musée	Museo
Observatoire	Osservatorio
Stade	Stadio
Supermarché	Supermercato
Tente	Tenda
Théâtre	Teatro
Tour	Torre
Université	Università
Usine	Fabbrica

Beauté
Bellezza

Boucles	Riccioli
Charme	Fascino
Ciseaux	Forbici
Cosmétique	Cosmetici
Couleur	Colore
Élégance	Eleganza
Élégant	Elegante
Grâce	Grazia
Huiles	Oli
Lisse	Liscio
Maquillage	Trucco
Mascara	Mascara
Miroir	Specchio
Parfum	Fragranza
Peau	Pelle
Photogénique	Fotogenico
Rouge à Lèvres	Rossetto
Services	Servizi
Shampooing	Shampoo
Styliste	Stilista

Café
Caffè

Acide	Acido
Amer	Amaro
Arôme	Aroma
Boisson	Bevanda
Caféine	Caffeina
Crème	Crema
Eau	Acqua
Filtre	Filtro
Lait	Latte
Liquide	Liquido
Matin	Mattina
Moudre	Macinare
Noir	Nero
Origine	Origine
Prix	Prezzo
Rôti	Arrostito
Saveur	Gusto
Sucre	Zucchero
Tasse	Tazza
Variété	Varietà

Camping
Campeggio

Animaux	Animali
Aventure	Avventura
Boussole	Bussola
Cabine	Cabina
Canoë	Canoa
Carte	Mappa
Chapeau	Cappello
Chasse	Caccia
Corde	Corda
Équipement	Attrezzatura
Feu	Fuoco
Forêt	Foresta
Hamac	Amaca
Insecte	Insetto
Lac	Lago
Lanterne	Lanterna
Lune	Luna
Montagne	Montagna
Nature	Natura
Tente	Tenda

Chimie
Chimica

Acide	Acido
Alcalin	Alcalino
Atomique	Atomico
Carbone	Carbonio
Catalyseur	Catalizzatore
Chaleur	Calore
Chlore	Cloro
Enzyme	Enzima
Électron	Elettrone
Gaz	Gas
Hydrogène	Idrogeno
Ion	Ione
Liquide	Liquido
Métaux	Metalli
Molécule	Molecola
Nucléaire	Nucleare
Oxygène	Ossigeno
Poids	Peso
Sel	Sale
Température	Temperatura

Chocolat
Cioccolato

Amer	Amaro
Antioxydant	Antiossidante
Arôme	Aroma
Artisanal	Artigianale
Bonbon	Caramella
Cacahuètes	Arachidi
Cacao	Cacao
Calories	Calorie
Caramel	Caramello
Délicieux	Delizioso
Doux	Dolce
Exotique	Esotico
Favori	Preferito
Goût	Gusto
Ingrédient	Ingrediente
Noix de Coco	Noce di Cocco
Poudre	Polvere
Qualité	Qualità
Recette	Ricetta
Sucre	Zucchero

Cirque
Circo

Acrobate	Acrobata
Animaux	Animali
Ballons	Palloncini
Billet	Biglietto
Clown	Clown
Costume	Costume
Divertir	Intrattenere
Éléphant	Elefante
Jongleur	Giocoliere
Lion	Leone
Magicien	Mago
Magie	Magia
Montrer	Mostrare
Musique	Musica
Parade	Parata
Singe	Scimmia
Spectaculaire	Spettacolare
Spectateur	Spettatore
Tente	Tenda
Tigre	Tigre

Conduite
Guida

Accident	Incidente
Camion	Camion
Carburant	Carburante
Carte	Mappa
Danger	Pericolo
Freins	Freni
Garage	Garage
Gaz	Gas
Licence	Licenza
Moteur	Motore
Moto	Moto
Piéton	Pedonale
Police	Polizia
Route	Strada
Sécurité	Sicurezza
Trafic	Traffico
Transport	Trasporto
Tunnel	Tunnel
Vitesse	Velocità
Voiture	Auto

Corps Humain
Corpo Umano

Bouche	Bocca
Cerveau	Cervello
Cheville	Caviglia
Cou	Collo
Coude	Gomito
Cœur	Cuore
Doigt	Dito
Estomac	Stomaco
Épaule	Spalla
Genou	Ginocchio
Lèvres	Labbra
Main	Mano
Mâchoire	Mascella
Menton	Mento
Nez	Naso
Oreille	Orecchio
Peau	Pelle
Sang	Sangue
Tête	Testa
Visage	Faccia

Créativité
Creatività

Artistique	Artistico
Authenticité	Autenticità
Clarté	Chiarezza
Compétence	Abilità
Dramatique	Drammatico
Expression	Espressione
Émotions	Emozioni
Fluidité	Fluidità
Idées	Idee
Image	Immagine
Imagination	Immaginazione
Impression	Impressione
Inspiration	Ispirazione
Intensité	Intensità
Intuition	Intuizione
Inventif	Inventivo
Sensation	Sensazione
Spontané	Spontaneo
Visions	Visioni
Vitalité	Vitalità

Cuisine
Cucina

Baguettes	Bacchette
Bol	Ciotola
Bouilloire	Bollitore
Congélateur	Congelatore
Couteaux	Coltelli
Cruche	Brocca
Cuillères	Cucchiai
Épices	Spezie
Éponge	Spugna
Four	Forno
Fourchettes	Forchette
Gril	Griglia
Louche	Mestolo
Nourriture	Cibo
Pot	Vaso
Recette	Ricetta
Réfrigérateur	Frigorifero
Serviette	Tovagliolo
Tablier	Grembiule
Tasses	Tazze

Danse
Danza

Académie	Accademia
Art	Arte
Chorégraphie	Coreografia
Classique	Classico
Corps	Corpo
Culture	Cultura
Culturel	Culturale
Expressif	Espressivo
Émotion	Emozione
Grâce	Grazia
Joyeux	Gioioso
Mouvement	Movimento
Musique	Musica
Partenaire	Compagno
Posture	Postura
Répétition	Prova
Rythme	Ritmo
Saut	Salto
Traditionnel	Tradizionale
Visuel	Visivo

Diplomatie
Diplomazia

Ambassade	Ambasciata
Ambassadeur	Ambasciatore
Citoyens	Cittadini
Communauté	Comunità
Conflit	Conflitto
Conseiller	Consigliere
Coopération	Cooperazione
Diplomatique	Diplomatico
Discussion	Discussione
Éthique	Etica
Étranger	Straniero
Gouvernement	Governo
Humanitaire	Umanitario
Intégrité	Integrità
Justice	Giustizia
Politique	Politica
Résolution	Risoluzione
Sécurité	Sicurezza
Solution	Soluzione
Traité	Trattato

Disciplines Scientifiques
Discipline Scientifiche

Anatomie	Anatomia
Archéologie	Archeologia
Astronomie	Astronomia
Biochimie	Biochimica
Biologie	Biologia
Botanique	Botanica
Chimie	Chimica
Écologie	Ecologia
Géologie	Geologia
Immunologie	Immunologia
Linguistique	Linguistica
Mécanique	Meccanica
Météorologie	Meteorologia
Minéralogie	Mineralogia
Neurologie	Neurologia
Physiologie	Fisiologia
Psychologie	Psicologia
Sociologie	Sociologia
Thermodynamique	Termodinamica
Zoologie	Zoologia

Entreprise
Attività Commerciale

Argent	Soldi
Boutique	Negozio
Budget	Bilancio
Bureau	Ufficio
Carrière	Carriera
Coût	Costo
Devise	Valuta
Employé	Dipendente
Entreprise	Società
Économie	Economia
Finance	Finanza
Impôts	Tasse
Investissement	Investimento
Marchandise	Merce
Profit	Profitto
Revenu	Reddito
Réduction	Sconto
Transaction	Transazione
Usine	Fabbrica
Vente	Vendita

Échecs
Scacchi

Adversaire	Avversario
Apprendre	Per Imparare
Blanc	Bianco
Champion	Campione
Concours	Concorso
Défis	Sfide
Diagonal	Diagonale
Intelligent	Intelligente
Jeu	Gioco
Joueur	Giocatore
Noir	Nero
Passif	Passivo
Points	Punti
Reine	Regina
Règles	Regole
Roi	Re
Sacrifice	Sacrificio
Stratégie	Strategia
Temps	Tempo
Tournoi	Torneo

Écologie
Ecologia

Bénévoles	Volontari
Climat	Clima
Communautés	Comunità
Diversité	Diversità
Durable	Sostenibile
Espèce	Specie
Faune	Fauna
Flore	Flora
Habitat	Habitat
Marais	Palude
Marin	Marino
Montagnes	Montagne
Nature	Natura
Naturel	Naturale
Plantes	Piante
Ressources	Risorse
Sécheresse	Siccità
Survie	Sopravvivenza
Variété	Varietà
Végétation	Vegetazione

Électricité
Elettricità

Aimant	Magnete
Ampoule	Lampadina
Batterie	Batteria
Câble	Cavo
Électricien	Elettricista
Électrique	Elettrico
Équipement	Attrezzatura
Fils	Fili
Générateur	Generatore
Lampe	Lampada
Laser	Laser
Négatif	Negativo
Objets	Oggetti
Positif	Positivo
Prise	Presa
Quantité	Quantità
Réseau	Rete
Stockage	Conservazione
Téléphone	Telefono
Télévision	Televisione

Émotions
Emozioni

Amour	Amore
Calme	Calma
Colère	Rabbia
Contenu	Contenuto
Détendu	Rilassato
Embarrassé	Imbarazzato
Ennui	Noia
Excité	Eccitato
Gentillesse	Gentilezza
Joie	Gioia
Paix	Pace
Peur	Paura
Reconnaissant	Grato
Relief	Rilievo
Satisfait	Soddisfatto
Surprise	Sorpresa
Sympathie	Simpatia
Tendresse	Tenerezza
Tranquillité	Tranquillità
Tristesse	Tristezza

Énergie
Energia

Batterie	Batteria
Carbone	Carbonio
Carburant	Carburante
Chaleur	Calore
Diesel	Diesel
Entropie	Entropia
Environnement	Ambiente
Essence	Benzina
Électrique	Elettrico
Électron	Elettrone
Hydrogène	Idrogeno
Industrie	Industria
Moteur	Motore
Nucléaire	Nucleare
Photon	Fotone
Pollution	Inquinamento
Renouvelable	Rinnovabile
Soleil	Sole
Turbine	Turbina
Vent	Vento

Épices
Spezie

Aigre	Acido
Ail	Aglio
Amer	Amaro
Anis	Anice
Cannelle	Cannella
Cardamome	Cardamomo
Coriandre	Coriandolo
Cumin	Cumino
Curry	Curry
Fenouil	Finocchio
Gingembre	Zenzero
Muscade	Noce Moscata
Oignon	Cipolla
Paprika	Paprika
Poivre	Pepe
Réglisse	Liquirizia
Safran	Zafferano
Saveur	Gusto
Sel	Sale
Vanille	Vaniglia

Éthique
Etica

Altruisme	Altruismo
Bienveillant	Benevolo
Compassion	Compassione
Coopération	Cooperazione
Dignité	Dignità
Diplomatique	Diplomatico
Gentillesse	Gentilezza
Honnêteté	Onestà
Humanité	Umanità
Intégrité	Integrità
Optimisme	Ottimismo
Patience	Pazienza
Philosophie	Filosofia
Raisonnable	Ragionevole
Rationalité	Razionalità
Respectueux	Rispettoso
Réalisme	Realismo
Sagesse	Saggezza
Tolérance	Tolleranza
Valeurs	Valori

Famille
Famiglia

Ancêtre	Antenato
Cousin	Cugino
Enfance	Infanzia
Enfant	Bambino
Enfants	Bambini
Femme	Moglie
Fille	Figlia
Frère	Fratello
Grand-Mère	Nonna
Grand-Père	Nonno
Mari	Marito
Maternel	Materno
Mère	Madre
Neveu	Nipote
Nièce	Nipote
Oncle	Zio
Paternel	Paterno
Père	Padre
Soeur	Sorella
Tante	Zia

Ferme #1
Fattoria #1

Abeille	Ape
Agriculture	Agricoltura
Âne	Asino
Bison	Bisonte
Champ	Campo
Chat	Gatto
Cheval	Cavallo
Chèvre	Capra
Chien	Cane
Clôture	Recinto
Corbeau	Corvo
Eau	Acqua
Engrais	Fertilizzante
Foin	Fieno
Miel	Miele
Poulet	Pollo
Riz	Riso
Troupeau	Gregge
Vache	Mucca
Veau	Vitello

Ferme #2
Fattoria #2

Agneau	Agnello
Agriculteur	Agricoltore
Animaux	Animali
Berger	Pastore
Blé	Grano
Canard	Anatra
Fruit	Frutta
Grange	Fienile
Irrigation	Irrigazione
Lait	Latte
Lama	Lama
Légume	Verdura
Maïs	Mais
Mouton	Pecora
Nourriture	Cibo
Orge	Orzo
Pré	Prato
Ruche	Alveare
Tracteur	Trattore
Verger	Frutteto

Fleurs
Fiori

Bouquet	Mazzo
Gardénia	Gardenia
Hibiscus	Ibisco
Jasmin	Gelsomino
Jonquille	Narciso
Lavande	Lavanda
Lilas	Lilla
Lys	Giglio
Magnolia	Magnolia
Marguerite	Margherita
Orchidée	Orchidea
Passiflore	Passiflora
Pavot	Papavero
Pétale	Petalo
Pivoine	Peonia
Plumeria	Plumeria
Rose	Rosa
Tournesol	Girasole
Trèfle	Trifoglio
Tulipe	Tulipano

Force et Gravité
Forza e Gravità

Axe	Asse
Centre	Centro
Découverte	Scoperta
Distance	Distanza
Dynamique	Dinamico
Expansion	Espansione
Friction	Attrito
Impact	Impatto
Magnétisme	Magnetismo
Mécanique	Meccanica
Mouvement	Movimento
Orbite	Orbita
Physique	Fisica
Planètes	Pianeti
Poids	Peso
Pression	Pressione
Propriétés	Proprietà
Temps	Tempo
Universel	Universale
Vitesse	Velocità

Forêt Tropicale
Foresta Pluviale

Amphibiens	Anfibi
Botanique	Botanico
Climat	Clima
Communauté	Comunità
Diversité	Diversità
Espèce	Specie
Indigène	Indigeno
Insectes	Insetti
Jungle	Giungla
Mammifères	Mammiferi
Mousse	Muschio
Nature	Natura
Nuage	Nuvole
Oiseaux	Uccelli
Précieux	Prezioso
Préservation	Preservazione
Refuge	Rifugio
Respect	Rispetto
Restauration	Restauro
Survie	Sopravvivenza

Formes
Forme

Arc	Arco
Bords	Bordi
Carré	Quadrato
Cercle	Cerchio
Coin	Angolo
Courbe	Curva
Cône	Cono
Côté	Lato
Cube	Cubo
Cylindre	Cilindro
Ellipse	Ellisse
Hyperbole	Iperbole
Ligne	Linea
Ovale	Ovale
Polygone	Poligono
Prisme	Prisma
Pyramide	Piramide
Rectangle	Rettangolo
Sphère	Sfera
Triangle	Triangolo

Fournitures d'Art
Forniture Artistiche

Acrylique	Acrilico
Aquarelles	Acquerelli
Argile	Argilla
Brosses	Spazzole
Caméra	Telecamera
Chaise	Sedia
Charbon	Carbone
Chevalet	Cavalletto
Colle	Colla
Couleurs	Colori
Crayons	Matite
Créativité	Creatività
Eau	Acqua
Encre	Inchiostro
Gomme	Gomma
Huile	Olio
Idées	Idee
Papier	Carta
Pastels	Pastelli
Table	Tavolo

Fruit
Frutta

Abricot	Albicocca
Ananas	Ananas
Avocat	Avocado
Baie	Bacca
Banane	Banana
Cerise	Ciliegia
Citron	Limone
Figue	Fico
Framboise	Lampone
Goyave	Guava
Kiwi	Kiwi
Mangue	Mango
Melon	Melone
Nectarine	Nettarina
Orange	Arancia
Papaye	Papaia
Pêche	Pesca
Poire	Pera
Pomme	Mela
Raisin	Uva

Géographie
Geografia

Altitude	Altitudine
Atlas	Atlante
Carte	Mappa
Continent	Continente
Fleuve	Fiume
Hémisphère	Emisfero
Île	Isola
Latitude	Latitudine
Mer	Mare
Méridien	Meridiano
Monde	Mondo
Montagne	Montagna
Nord	Nord
Océan	Oceano
Ouest	Ovest
Pays	Paese
Région	Regione
Sud	Sud
Territoire	Territorio
Ville	Città

Géologie
Geologia

Acide	Acido
Calcium	Calcio
Caverne	Caverna
Continent	Continente
Corail	Corallo
Couche	Strato
Cristaux	Cristalli
Érosion	Erosione
Fondu	Fuso
Fossile	Fossile
Geyser	Geyser
Lave	Lava
Minéraux	Minerali
Pierre	Pietra
Plateau	Altopiano
Quartz	Quarzo
Sel	Sale
Stalactite	Stalattite
Volcan	Vulcano
Zone	Zona

Géométrie
Geometria

Angle	Angolo
Calcul	Calcolo
Cercle	Cerchio
Courbe	Curva
Diamètre	Diametro
Dimension	Dimensione
Équation	Equazione
Hauteur	Altezza
Logique	Logica
Masse	Massa
Médian	Mediano
Nombre	Numero
Parallèle	Parallelo
Proportion	Proporzione
Segment	Segmento
Surface	Superficie
Symétrie	Simmetria
Théorie	Teoria
Triangle	Triangolo
Vertical	Verticale

Gouvernement
Governo

Citoyenneté	Cittadinanza
Civil	Civile
Constitution	Costituzione
Démocratie	Democrazia
Discours	Discorso
Discussion	Discussione
District	Quartiere
Droits	Diritti
Égalité	Uguaglianza
État	Stato
Indépendance	Indipendenza
Judiciaire	Giudiziario
Justice	Giustizia
Liberté	Libertà
Loi	Legge
Monument	Monumento
Nation	Nazione
National	Nazionale
Politique	Politica
Symbole	Simbolo

Herboristerie
Erboristeria

Ail	Aglio
Aromatique	Aromatico
Basilic	Basilico
Bénéfique	Benefico
Culinaire	Culinario
Estragon	Dragoncello
Fenouil	Finocchio
Fleur	Fiore
Ingrédient	Ingrediente
Jardin	Giardino
Lavande	Lavanda
Marjolaine	Maggiorana
Menthe	Menta
Persil	Prezzemolo
Qualité	Qualità
Romarin	Rosmarino
Safran	Zafferano
Saveur	Gusto
Thym	Timo
Vert	Verde

Ingénierie
Ingegneria

Angle	Angolo
Axe	Asse
Calcul	Calcolo
Construction	Costruzione
Diagramme	Diagramma
Diamètre	Diametro
Diesel	Diesel
Distribution	Distribuzione
Engrenages	Ingranaggi
Énergie	Energia
Force	Forza
Liquide	Liquido
Machine	Macchina
Mesure	Misurazione
Moteur	Motore
Profondeur	Profondità
Propulsion	Propulsione
Rotation	Rotazione
Stabilité	Stabilità
Structure	Struttura

Insectes
Insetti

Abeille	Ape
Cafard	Scarafaggio
Cigale	Cicala
Coccinelle	Coccinella
Criquet	Locusta
Fourmi	Formica
Frelon	Calabrone
Guêpe	Vespa
Larve	Larva
Libellule	Libellula
Mante	Mantide
Moucheron	Moscerino
Moustique	Zanzara
Papillon	Farfalla
Puce	Pulce
Puceron	Afide
Sauterelle	Cavalletta
Scarabée	Coleottero
Termite	Termite
Ver	Verme

Instruments de Musique
Strumenti Musicali

Banjo	Banjo
Basson	Fagotto
Clarinette	Clarinetto
Flûte	Flauto
Gong	Gong
Guitare	Chitarra
Harmonica	Armonica
Harpe	Arpa
Hautbois	Oboe
Mandoline	Mandolino
Marimba	Marimba
Percussion	Percussione
Piano	Pianoforte
Saxophone	Sassofono
Tambour	Tamburo
Tambourin	Tamburello
Trombone	Trombone
Trompette	Tromba
Violon	Violino
Violoncelle	Violoncello

Jardin
Giardino

Arbre	Albero
Banc	Panca
Buisson	Cespuglio
Clôture	Recinto
Étang	Stagno
Fleur	Fiore
Garage	Garage
Hamac	Amaca
Herbe	Erba
Jardin	Giardino
Mauvaises Herbes	Erbacce
Pelle	Pala
Pelouse	Prato
Râteau	Rastrello
Sol	Suolo
Terrasse	Terrazza
Trampoline	Trampolino
Tuyau	Tubo
Verger	Frutteto
Vigne	Vite

Jardinage
Giardinaggio

Botanique	Botanico
Bouquet	Mazzo
Climat	Clima
Comestible	Commestibile
Compost	Compost
Eau	Acqua
Espèce	Specie
Exotique	Esotico
Feuillage	Fogliame
Feuille	Foglia
Fleur	Fiorire
Floral	Floreale
Graines	Semi
Humidité	Umidità
Récipient	Contenitore
Saisonnier	Stagionale
Saleté	Sporco
Sol	Suolo
Tuyau	Tubo
Verger	Frutteto

Jazz
Jazz

Accent	Enfasi
Album	Album
Artiste	Artista
Célèbre	Famoso
Chanson	Canzone
Compositeur	Compositore
Composition	Composizione
Concert	Concerto
Favoris	Preferiti
Genre	Genere
Musique	Musica
Nouveau	Nuovo
Orchestre	Orchestra
Rythme	Ritmo
Solo	Assolo
Style	Stile
Talent	Talento
Tambours	Batteria
Technique	Tecnica
Vieux	Vecchio

Jours et Mois
Giorni e Mesi

Août	Agosto
Avril	Aprile
Calendrier	Calendario
Dimanche	Domenica
Février	Febbraio
Janvier	Gennaio
Jeudi	Giovedì
Juillet	Luglio
Juin	Giugno
Lundi	Lunedì
Mardi	Martedì
Mars	Marzo
Mercredi	Mercoledì
Mois	Mese
Novembre	Novembre
Octobre	Ottobre
Samedi	Sabato
Semaine	Settimana
Septembre	Settembre
Vendredi	Venerdì

L'Entreprise
L'Azienda

Créatif	Creativo
Décision	Decisione
Emploi	Occupazione
Global	Globale
Industrie	Industria
Innovant	Innovativo
Investissement	Investimento
Possibilité	Possibilità
Présentation	Presentazione
Produit	Prodotto
Professionnel	Professionale
Progrès	Progresso
Qualité	Qualità
Ressources	Risorse
Revenu	Reddito
Réputation	Reputazione
Risques	Rischi
Salaire	Salari
Tendances	Tendenze
Unités	Unità

Les Abeilles
Api

Ailes	Ali
Bénéfique	Benefico
Cire	Cera
Diversité	Diversità
Essaim	Sciame
Écosystème	Ecosistema
Fleur	Fiorire
Fleurs	Fiori
Fruit	Frutta
Fumée	Fumo
Habitat	Habitat
Insecte	Insetto
Jardin	Giardino
Miel	Miele
Nourriture	Cibo
Plantes	Piante
Pollen	Polline
Reine	Regina
Ruche	Alveare
Soleil	Sole

Les Médias
I Media

Attitudes	Atteggiamenti
Commercial	Commerciale
Communication	Comunicazione
En Ligne	Online
Édition	Edizione
Éducation	Educazione
Faits	Fatti
Images	Immagini
Individuel	Individuale
Industrie	Industria
Intellectuel	Intellettuale
Journaux	Giornali
Local	Locale
Numérique	Digitale
Opinion	Opinione
Photos	Foto
Public	Pubblico
Radio	Radio
Réseau	Rete
Télévision	Televisione

Littérature
Letteratura

Analogie	Analogia
Analyse	Analisi
Anecdote	Aneddoto
Auteur	Autore
Biographie	Biografia
Comparaison	Confronto
Conclusion	Conclusione
Description	Descrizione
Dialogue	Dialogo
Fiction	Finzione
Métaphore	Metafora
Narrateur	Narratore
Poème	Poesia
Poétique	Poetico
Rime	Rima
Roman	Romanzo
Rythme	Ritmo
Style	Stile
Thème	Tema
Tragédie	Tragedia

Livres
Libri

Auteur	Autore
Aventure	Avventura
Collection	Collezione
Contexte	Contesto
Dualité	Dualità
Écrit	Scritto
Épique	Epico
Histoire	Storia
Historique	Storico
Humoristique	Umoristico
Inventif	Inventivo
Lecteur	Lettore
Littéraire	Letterario
Narrateur	Narratore
Page	Pagina
Pertinent	Rilevante
Poésie	Poesia
Roman	Romanzo
Série	Serie
Tragique	Tragico

Maison
Casa

Balai	Scopa
Bibliothèque	Biblioteca
Chambre	Camera
Cheminée	Camino
Clés	Chiavi
Clôture	Recinto
Cuisine	Cucina
Douche	Doccia
Fenêtre	Finestra
Garage	Garage
Grenier	Attico
Jardin	Giardino
Lampe	Lampada
Miroir	Specchio
Mur	Parete
Plafond	Soffitto
Porte	Porta
Rideaux	Tende
Tapis	Tappeto
Toit	Tetto

Mammifères
Mammiferi

Baleine	Balena
Chat	Gatto
Cheval	Cavallo
Chien	Cane
Coyote	Coyote
Dauphin	Delfino
Éléphant	Elefante
Girafe	Giraffa
Gorille	Gorilla
Kangourou	Canguro
Lapin	Coniglio
Lion	Leone
Loup	Lupo
Mouton	Pecora
Ours	Orso
Renard	Volpe
Singe	Scimmia
Taureau	Toro
Tigre	Tigre
Zèbre	Zebra

Mathématiques
Matematica

Angles	Angoli
Arithmétique	Aritmetica
Carré	Quadrato
Circonférence	Circonferenza
Décimal	Decimale
Diamètre	Diametro
Exposant	Esponente
Équation	Equazione
Fraction	Frazione
Géométrie	Geometria
Parallèle	Parallelo
Périmètre	Perimetro
Polygone	Poligono
Rayon	Raggio
Rectangle	Rettangolo
Somme	Somma
Sphère	Sfera
Symétrie	Simmetria
Triangle	Triangolo
Volume	Volume

Mesures
Misurazioni

Centimètre	Centimetro
Degré	Grado
Décimal	Decimale
Gramme	Grammo
Hauteur	Altezza
Kilogramme	Chilogrammo
Kilomètre	Chilometro
Largeur	Larghezza
Litre	Litro
Longueur	Lunghezza
Masse	Massa
Mètre	Metro
Minute	Minuto
Octet	Byte
Once	Oncia
Poids	Peso
Pouce	Pollice
Profondeur	Profondità
Tonne	Tonnellata
Volume	Volume

Méditation
Meditazione

Acceptation	Accettazione
Attention	Attenzione
Calme	Calma
Clarté	Chiarezza
Compassion	Compassione
Émotions	Emozioni
Éveillé	Sveglio
Gentillesse	Gentilezza
Gratitude	Gratitudine
Habitudes	Abitudini
Mental	Mentale
Mouvement	Movimento
Musique	Musica
Nature	Natura
Observation	Osservazione
Paix	Pace
Perspective	Prospettiva
Posture	Postura
Respiration	Respirazione
Silence	Silenzio

Mode
Moda

Boutique	Boutique
Boutons	Pulsanti
Broderie	Ricamo
Cher	Caro
Confortable	Confortevole
Dentelle	Pizzo
Élégant	Elegante
Minimaliste	Minimalista
Moderne	Moderno
Modeste	Modesto
Modèle	Modello
Original	Originale
Pratique	Pratico
Simple	Semplice
Sophistiqué	Sofisticato
Style	Stile
Tendance	Tendenza
Texture	Trama
Tissu	Tessuto
Vêtements	Abbigliamento

Musique
Musica

Album	Album
Ballade	Ballata
Chanter	Cantare
Chanteur	Cantante
Classique	Classico
Enregistrement	Registrazione
Harmonie	Armonia
Harmonique	Armonico
Instrument	Strumento
Lyrique	Lirico
Mélodie	Melodia
Microphone	Microfono
Musical	Musicale
Musicien	Musicista
Opéra	Opera
Poétique	Poetico
Rythme	Ritmo
Rythmique	Ritmico
Tempo	Tempo
Vocal	Vocale

Mythologie
Mitologia

Archétype	Archetipo
Catastrophe	Disastro
Comportement	Comportamento
Création	Creazione
Créature	Creatura
Croyances	Credenze
Culture	Cultura
Éclair	Fulmine
Force	Forza
Guerrier	Guerriero
Héros	Eroe
Immortalité	Immortalità
Jalousie	Gelosia
Labyrinthe	Labirinto
Légende	Leggenda
Magique	Magico
Monstre	Mostro
Mortel	Mortale
Tonnerre	Tuono
Vengeance	Vendetta

Nature
Natura

Abeilles	Api
Abri	Rifugio
Animaux	Animali
Arctique	Artico
Beauté	Bellezza
Brouillard	Nebbia
Désert	Deserto
Dynamique	Dinamico
Érosion	Erosione
Feuillage	Fogliame
Fleuve	Fiume
Forêt	Foresta
Glacier	Ghiacciaio
Montagnes	Montagne
Nuage	Nuvole
Sanctuaire	Santuario
Sauvage	Selvaggio
Serein	Sereno
Tropical	Tropicale
Vital	Vitale

Nombres
Numeri

Cinq	Cinque
Deux	Due
Décimal	Decimale
Dix	Dieci
Dix-Huit	Diciotto
Dix-Neuf	Diciannove
Dix-Sept	Diciassette
Douze	Dodici
Huit	Otto
Neuf	Nove
Quatorze	Quattordici
Quatre	Quattro
Quinze	Quindici
Seize	Sedici
Sept	Sette
Six	Sei
Treize	Tredici
Trois	Tre
Vingt	Venti
Zéro	Zero

Nourriture #1
Cibo #1

Ail	Aglio
Basilic	Basilico
Café	Caffè
Cannelle	Cannella
Carotte	Carota
Citron	Limone
Épinard	Spinaci
Fraise	Fragola
Jus	Succo
Lait	Latte
Navet	Rapa
Oignon	Cipolla
Orge	Orzo
Poire	Pera
Salade	Insalata
Sel	Sale
Soupe	Minestra
Sucre	Zucchero
Thon	Tonno
Viande	Carne

Nourriture #2
Cibo #2

Amande	Mandorla
Aubergine	Melanzana
Banane	Banana
Blé	Grano
Brocoli	Broccolo
Cerise	Ciliegia
Céleri	Sedano
Champignon	Fungo
Chocolat	Cioccolato
Jambon	Prosciutto
Kiwi	Kiwi
Mangue	Mango
Oeuf	Uovo
Pain	Pane
Poisson	Pesce
Pomme	Mela
Poulet	Pollo
Raisin	Uva
Riz	Riso
Tomate	Pomodoro

Nutrition
Nutrizione

Amer	Amaro
Appétit	Appetito
Calories	Calorie
Comestible	Commestibile
Diète	Dieta
Digestion	Digestione
Épices	Spezie
Équilibré	Bilanciato
Fermentation	Fermentazione
Glucides	Carboidrati
Liquides	Liquidi
Poids	Peso
Protéines	Proteine
Qualité	Qualità
Sain	Sano
Santé	Salute
Sauce	Salsa
Saveur	Gusto
Toxine	Tossina
Vitamine	Vitamina

Océan
Oceano

Anguille	Anguilla
Baleine	Balena
Bateau	Barca
Corail	Corallo
Crabe	Granchio
Crevette	Gamberetto
Dauphin	Delfino
Éponge	Spugna
Huître	Ostrica
Marées	Maree
Méduse	Medusa
Poisson	Pesce
Poulpe	Polpo
Requin	Squalo
Récif	Scogliera
Sel	Sale
Tempête	Tempesta
Thon	Tonno
Tortue	Tartaruga
Vagues	Onde

Oiseaux
Uccelli

Aigle	Aquila
Autruche	Struzzo
Canard	Anatra
Cigogne	Cicogna
Colombe	Colomba
Coucou	Cuculo
Cygne	Cigno
Flamant	Fenicottero
Héron	Airone
Manchot	Pinguino
Moineau	Passero
Mouette	Gabbiano
Oeuf	Uovo
Oie	Oca
Paon	Pavone
Perroquet	Pappagallo
Pélican	Pellicano
Pigeon	Piccione
Poulet	Pollo
Toucan	Tucano

Pays #1
Paesi #1

Afghanistan	Afghanistan
Allemagne	Germania
Argentine	Argentina
Brésil	Brasile
Canada	Canada
Espagne	Spagna
Équateur	Ecuador
Finlande	Finlandia
Inde	India
Israël	Israele
Libye	Libia
Mali	Mali
Maroc	Marocco
Nicaragua	Nicaragua
Norvège	Norvegia
Panama	Panama
Philippines	Filippine
Pologne	Polonia
Roumanie	Romania
Venezuela	Venezuela

Pays #2
Paesi #2

Albanie	Albania
Chine	Cina
Danemark	Danimarca
France	Francia
Haïti	Haiti
Indonésie	Indonesia
Irlande	Irlanda
Jamaïque	Giamaica
Japon	Giappone
Kenya	Kenya
Laos	Laos
Liban	Libano
Mexique	Messico
Ouganda	Uganda
Pakistan	Pakistan
Russie	Russia
Somalie	Somalia
Soudan	Sudan
Syrie	Siria
Ukraine	Ucraina

Paysages
Paesaggi

Cascade	Cascata
Colline	Collina
Désert	Deserto
Estuaire	Estuario
Fleuve	Fiume
Geyser	Geyser
Glacier	Ghiacciaio
Grotte	Grotta
Iceberg	Iceberg
Île	Isola
Lac	Lago
Marais	Palude
Mer	Mare
Montagne	Montagna
Oasis	Oasi
Péninsule	Penisola
Plage	Spiaggia
Toundra	Tundra
Vallée	Valle
Volcan	Vulcano

Philanthropie
Filantropia

Besoin	Bisogno
Buts	Obiettivi
Charité	Carità
Communauté	Comunità
Contacts	Contatti
Défis	Sfide
Enfants	Bambini
Finance	Finanza
Fonds	Fondi
Gens	Persone
Générosité	Generosità
Global	Globale
Groupes	Gruppi
Histoire	Storia
Honnêteté	Onestà
Humanité	Umanità
Jeunesse	Gioventù
Mission	Missione
Programmes	Programmi
Public	Pubblico

Physique
Fisica

Accélération	Accelerazione
Atome	Atomo
Chaos	Caos
Chimique	Chimico
Densité	Densità
Électron	Elettrone
Formule	Formula
Fréquence	Frequenza
Gaz	Gas
Gravité	Gravità
Magnétisme	Magnetismo
Masse	Massa
Mécanique	Meccanica
Molécule	Molecola
Moteur	Motore
Nucléaire	Nucleare
Particule	Particella
Relativité	Relatività
Universel	Universale
Vitesse	Velocità

Plantes
Piante

Arbre	Albero
Baie	Bacca
Bambou	Bambù
Botanique	Botanica
Buisson	Cespuglio
Cactus	Cactus
Engrais	Fertilizzante
Feuillage	Fogliame
Fleur	Fiore
Flore	Flora
Forêt	Foresta
Grandir	Crescere
Haricot	Fagiolo
Herbe	Erba
Jardin	Giardino
Lierre	Edera
Mousse	Muschio
Pétale	Petalo
Racine	Radice
Végétation	Vegetazione

Professions #1
Professioni #1

Ambassadeur	Ambasciatore
Astronome	Astronomo
Avocat	Avvocato
Banquier	Banchiere
Bijoutier	Gioielliere
Cartographe	Cartografo
Chasseur	Cacciatore
Danseur	Ballerino
Entraîneur	Allenatore
Éditeur	Editore
Géologue	Geologo
Infirmière	Infermiera
Médecin	Medico
Musicien	Musicista
Pianiste	Pianista
Plombier	Idraulico
Pompier	Pompiere
Psychologue	Psicologo
Scientifique	Scienziato
Vétérinaire	Veterinario

Professions #2
Professioni #2

Astronaute	Astronauta
Bibliothécaire	Bibliotecario
Biologiste	Biologo
Chercheur	Ricercatore
Chirurgien	Chirurgo
Dentiste	Dentista
Détective	Detective
Enseignant	Insegnante
Illustrateur	Illustratore
Ingénieur	Ingegnere
Inventeur	Inventore
Jardinier	Giardiniere
Journaliste	Giornalista
Linguiste	Linguista
Médecin	Medico
Peintre	Pittore
Philosophe	Filosofo
Photographe	Fotografo
Pilote	Pilota
Zoologiste	Zoologo

Psychologie
Psicologia

Clinique	Clinico
Comportement	Comportamento
Conflit	Conflitto
Ego	Ego
Enfance	Infanzia
Expériences	Esperienze
Émotions	Emozioni
Évaluation	Valutazione
Idées	Idee
Inconscient	Inconscio
Pensées	Pensieri
Perception	Percezione
Personnalité	Personalità
Problème	Problema
Rendez-Vous	Appuntamento
Réalité	Realtà
Rêves	Sogni
Sensation	Sensazione
Subconscient	Subconscio
Thérapie	Terapia

Randonnée
Escursionismo

Animaux	Animali
Bottes	Stivali
Camping	Campeggio
Carte	Mappa
Climat	Clima
Eau	Acqua
Falaise	Scogliera
Fatigué	Stanco
Guides	Guide
Lourd	Pesante
Météo	Meteo
Montagne	Montagna
Nature	Natura
Orientation	Orientamento
Parcs	Parchi
Pierres	Pietre
Préparation	Preparazione
Sauvage	Selvaggio
Soleil	Sole
Sommet	Vertice

Remplir
Riempire

Baignoire	Vasca
Baril	Barile
Bassin	Bacino
Boîte	Scatola
Bouteille	Bottiglia
Caisse	Cassa
Carton	Cartone
Dossier	Cartella
Enveloppe	Busta
Navire	Nave
Panier	Cesto
Paquet	Pacchetto
Plateau	Vassoio
Poche	Tasca
Sac	Borsa
Seau	Secchio
Tiroir	Cassetto
Tube	Tubo
Valise	Valigia
Vase	Vaso

Restaurant #2
Ristorante #2

Apéritif	Aperitivo
Boisson	Bevanda
Chaise	Sedia
Cuillère	Cucchiaio
Déjeuner	Pranzo
Délicieux	Delizioso
Dîner	Cena
Eau	Acqua
Épices	Spezie
Fourchette	Forchetta
Fruit	Frutta
Gâteau	Torta
Glace	Ghiaccio
Légumes	Verdure
Oeuf	Uova
Poisson	Pesce
Salade	Insalata
Sel	Sale
Serveur	Cameriere
Soupe	Minestra

Santé et Bien-Être #1
Salute e Benessere #1

Actif	Attivo
Bactéries	Batteri
Blessure	Lesione
Clinique	Clinica
Faim	Fame
Fracture	Frattura
Habitude	Abitudine
Hauteur	Altezza
Hormone	Ormoni
Médecin	Medico
Médicament	Medicina
Muscles	Muscoli
Os	Ossa
Peau	Pelle
Pharmacie	Farmacia
Posture	Postura
Réflexe	Riflesso
Thérapie	Terapia
Traitement	Trattamento
Virus	Virus

Santé et Bien-Être #2
Salute e Benessere #2

Allergie	Allergia
Anatomie	Anatomia
Appétit	Appetito
Calorie	Caloria
Corps	Corpo
Diète	Dieta
Énergie	Energia
Génétique	Genetica
Hôpital	Ospedale
Hygiène	Igiene
Infection	Infezione
Maladie	Malattia
Massage	Massaggio
Nutrition	Nutrizione
Poids	Peso
Récupération	Recupero
Sain	Sano
Sang	Sangue
Stress	Stress
Vitamine	Vitamina

Science
Scienza

Atome	Atomo
Chimique	Chimico
Climat	Clima
Données	Dati
Expérience	Esperimento
Évolution	Evoluzione
Fait	Fatto
Fossile	Fossile
Gravité	Gravità
Hypothèse	Ipotesi
Laboratoire	Laboratorio
Méthode	Metodo
Minéraux	Minerali
Molécules	Molecole
Nature	Natura
Observation	Osservazione
Organisme	Organismo
Particules	Particelle
Physique	Fisica
Scientifique	Scienziato

Science-Fiction
Fantascienza

Atomique	Atomico
Cinéma	Cinema
Explosion	Esplosione
Extrême	Estremo
Fantastique	Fantastico
Feu	Fuoco
Futuriste	Futuristico
Galaxie	Galassia
Illusion	Illusione
Imaginaire	Immaginario
Livres	Libri
Monde	Mondo
Mystérieux	Misterioso
Oracle	Oracolo
Planète	Pianeta
Réaliste	Realistico
Robots	Robot
Scénario	Scenario
Technologie	Tecnologia
Utopie	Utopia

Sport
Sport

Athlète	Atleta
Capacité	Capacità
Corps	Corpo
Cyclisme	Ciclismo
Danse	Danza
Diète	Dieta
Endurance	Resistenza
Entraîneur	Allenatore
Force	Forza
Jogging	Jogging
Maximiser	Massimizzare
Métabolique	Metabolico
Muscles	Muscoli
Nager	Nuotare
Nutrition	Nutrizione
Objectif	Obiettivo
Os	Ossa
Programme	Programma
Santé	Salute
Sports	Sportivo

Temps
Tempo

Année	Anno
Annuel	Annuale
Après	Dopo
Aujourd'Hui	Oggi
Avant	Prima
Bientôt	Presto
Calendrier	Calendario
Décennie	Decennio
Futur	Futuro
Heure	Ora
Hier	Ieri
Horloge	Orologio
Jour	Giorno
Matin	Mattina
Midi	Mezzogiorno
Minute	Minuto
Mois	Mese
Nuit	Notte
Semaine	Settimana
Siècle	Secolo

Types de Cheveux
Tipi di Capelli

Argent	Argento
Blanc	Bianco
Blond	Biondo
Boucles	Riccioli
Brillant	Lucido
Chauve	Calvo
Coloré	Colorato
Court	Breve
Doux	Morbido
Épais	Spessore
Frisé	Riccio
Gris	Grigio
Long	Lungo
Marron	Marrone
Mince	Sottile
Noir	Nero
Ondulé	Ondulato
Sain	Sano
Sec	Asciutto
Tressé	Intrecciato

Vêtements
Vestiti

Bracelet	Braccialetto
Ceinture	Cintura
Chapeau	Cappello
Chaussure	Scarpa
Chemise	Camicia
Chemisier	Camicetta
Collier	Collana
Foulard	Sciarpa
Gants	Guanti
Jeans	Jeans
Jupe	Gonna
Manteau	Cappotto
Mode	Moda
Pantalon	Pantaloni
Pull	Maglione
Pyjama	Pigiama
Robe	Abito
Sandales	Sandali
Tablier	Grembiule
Veste	Giacca

Ville
Città

Aéroport	Aeroporto
Banque	Banca
Bibliothèque	Biblioteca
Boulangerie	Panetteria
Cinéma	Cinema
Clinique	Clinica
École	Scuola
Fleuriste	Fiorista
Galerie	Galleria
Hôtel	Hotel
Librairie	Libreria
Marché	Mercato
Musée	Museo
Pharmacie	Farmacia
Restaurant	Ristorante
Stade	Stadio
Supermarché	Supermercato
Théâtre	Teatro
Université	Università
Zoo	Zoo

Félicitations

Vous avez réussi !

Nous espérons que vous avez apprécié ce livre autant que nous avons pris plaisir à le concevoir. Nous faisons de notre mieux pour créer des livres de la meilleure qualité possible.
Cette édition est conçue pour permettre un apprentissage intelligent et de qualité en se divertissant !

Vous avez aimé ce livre ?

Une Simple Demande

Nos livres existent grâce aux avis que vous publiez. Pourriez-vous nous aider en laissant un avis maintenant ?

Voici un lien rapide qui vous mènera à votre page d'évaluation de vos commandes :

BestBooksActivity.com/Avis50

CHALLENGE FINAL !

Défi n°1

Êtes-vous prêt pour votre jeu bonus ? Nous les utilisons tout le temps mais ils ne sont pas si faciles à trouver. Voici les Synonymes !

Notez 5 mots que vous avez trouvés dans les puzzles notés ci-dessous (n°21, n°36, n°76) et essayez de trouver 2 synonymes pour chaque mot.

Notez 5 Mots du ***Puzzle 21***

Mots	Synonyme 1	Synonyme 2

Notez 5 Mots du ***Puzzle 36***

Mots	Synonyme 1	Synonyme 2

Notez 5 Mots du ***Puzzle 76***

Mots	Synonyme 1	Synonyme 2

Défi n°2

Maintenant que vous vous êtes échauffé, notez 5 mots que vous avez découverts dans les Puzzles n° 9, n° 17, n° 25 et essayez de trouver 2 antonymes pour chaque mot. Combien pouvez-vous en trouver en 20 minutes ?

Notez 5 Mots du ***Puzzle 9***

Mots	Antonyme 1	Antonyme 2

Notez 5 Mots du ***Puzzle 17***

Mots	Antonyme 1	Antonyme 2

Notez 5 Mots du ***Puzzle 25***

Mots	Antonyme 1	Antonyme 2

Défi n°3

Formidable ! Ce défi final  n'est rien pour vous.

Prêt pour le dernier défi ? Choisissez 10 mots que vous avez découverts parmi les différents puzzles et notez-les ci-dessous.

1.	6.
2.	7.
3.	8.
4.	9.
5.	10.

Maintenant, composez un texte en pensant à une personne, un animal ou un lieu que vous aimez !

Astuce: Vous pouvez utiliser la dernière page de ce livre comme brouillon !

Votre Composition :

CARNET DE NOTES :

À TRÈS BIENTÔT !

Toute l'équipe

www.ingramcontent.com/pod-product-compliance
Lightning Source LLC
Chambersburg PA
CBHW082201120626
46553CB00010B/2974
* 9 7 9 8 8 9 6 7 0 6 2 1 2 *